范玥婷 著

远见

Foresight

Business Communication and
Personal Brand Building

商业沟通与个人品牌构建

厦门大学出版社 国家一级出版社
XIAMEN UNIVERSITY PRESS 全国百佳图书出版单位

图书在版编目（CIP）数据

远见：商业沟通与个人品牌构建 / 范玥婷著. —
厦门：厦门大学出版社，2022.6
ISBN 978-7-5615-8502-3

I. ①远…　II. ①范…　III. ①商业管理—公共关系学
②品牌—企业管理　IV. ①F715②F273.2

中国版本图书馆CIP数据核字(2021)第276101号

出 版 人	郑文礼
责任编辑	林　鸣

出版发行　*厦门大学出版社*

社　　　址	厦门市软件园二期望海路 39 号
邮政编码	361008
总　　　机	0592-2181111　0592-2181406（传真）
营销中心	0592-2184458　0592-2181365
网　　　址	http://www.xmupress.com
邮　　　箱	xmup@xmupress.com
印　　　刷	湖南省众鑫印务有限公司

开本	889 mm×1 194 mm　1/32
印张	6.5
字数	180 千字
版次	2022 年 6 月第 1 版
印次	2022 年 6 月第 1 次印刷
定价	58.00 元

厦门大学出版社
微信二维码

厦门大学出版社
微博二维码

本书如有印装质量问题请直接寄承印厂调换

你是谁？

你想要过怎样的人生？

这是一个哲学命题，很多人终其一生都在试图寻找它的答案。在美国哲学家威廉·巴雷特的《非理性的人》一书中，开篇第一章就写道：

一个对自己生命心不在焉的人，直到他在一个阳光明媚的早晨中一觉醒来发觉自己已经死了，才知道他自己的存在。我们中的很多人，可能明早发现自己死了，却从不曾触及我们的存在之根。

快节奏的现代生活，充斥着高速发展的科技、转瞬即逝的商机和各种让人眼花缭乱的数据信息，忙忙碌碌中，"思考"已经成了一件奢侈的事。我也不例外，因为忙于公司的生存大计，很多年都没有时间停下来思考。人生的转折是从新冠疫情开始的，因为没有办法再工作，我不得不停下来思考，却意外地发现，对于"我是谁？要去向何方？"这个问题，我居然是逃避且恐惧的。

苏格拉底曾发出"认识你自己！"的呼唤，请大家直面这个问题。可只有到了无路可走的时候，人才有可能真正地开始反思。因为无路可退了，所以只能思考。我这才意识到，一直以来我都在逃避成为理想中的自己。很多人都说，讲台上的我才是真正的我。可是多年来我一直以忙碌为理由，不断地走上讲台又走下来，怕被理想束缚而失去退路。其实这样的想法又何尝不是一种束缚呢？——因为热爱，所以害怕江郎才尽，害怕进退两难。

在不知不觉中，我把理想、工作和生活分开了。可当我真正停下来思考，触及这个问题时，一种新的可能性诞生了。我不禁在想：如果它们是可以整合的呢？我不需要烦恼理想、工作和生活的平衡，而是让理想直接蔓延到工作与生活中去。用理想点亮生活，随时随地把生活过得精彩，自然就不愁没有东西分享，而且素材是取之不尽的。

疫情期间，没有工作可以做，没有路可以走，我只能面对镜头分享，那个心底的渴望却破土而出。我给自己订了一个特别大胆的计划，设置一个课程框架，然后每个月根据当月实际分享不同的内容，遇到什么说什么，不设限也不设防。我这样设计了也真的去执行了。每月课程分享都是新内容，边学边讲，时刻不能松懈，虽然执行压力很大，却拓宽了我的人生边界。我验证了一件事：只要不设限，成长是可以每时每刻发生的。

所以我一直相信，所有难关都是一次机会，让人重塑自我认知的机会。

社交难不难？难，真的很难。

就个人而言，我并不喜欢社交，甚至是恐惧和抗拒的，因为人际关系太复杂，太难了。但是我幸运地遇到了那个给我带来二次新生的人，她是我的心理学导师，是她让我明白，我所恐惧的社交行为背后，隐藏着一份巨大的天赋才华，那就是我与生俱来的连接感。只是在我能够意识到这点之前，这份天赋总是给我带来困扰，比如太敏感、总是不自觉地背负他人的情感等。只有在不断的社交实践中寻找和稳定自己的中心，这份天赋才能真正点亮我的生命。因此，我的人生目标是要带领更多人找到内在的核心价值。而我也在这个过程中看到了答案：我是谁，我要过怎样的人生。

这是一种奇妙的感觉，在你看到它的那一刻，所有对生活的抱怨都不见了，仿佛整个生命都在为这一刻做准备。原来我想要的，一直是真相。看似和这个世界格格不入的我，被迫放弃原则融入这个世界，不断刷新对这个世界的认知，这一切矛盾又和谐地交织着，就像一曲交响乐，是混响的，也是美妙的。我想把这首歌传递给更多人，让他们也能看见自己正谱写着一首自己的歌。

停顿、思考，度过最初的恐惧，真相慢慢浮出水面：万一，那些人并不代表错误？万一，那些事并不代表终结？万一，那些烦恼，并没有看上去那么可怕？思考，让"真相"破土而出。

人生绝对不止一个维度，生命是无边无界无限的，总有一天，你也会遇到那个点亮你的人，或是一句话、一堂课、一本书，就能开启你的新生。你到底想要一个怎样的人生呢？其实说完"想要"，即可停止，根本不需要去找理由，求答案。我思故我在嘛。

所以，你想要吗？

只要确定、一定以及肯定地想要，就放手一搏吧！下一步的传奇，会自动书写。

目录

从心开始

任何收成，都需要用心浇灌

2020 年，我开始涉足线上板块，发现真的很难，无论是抖音还是小红书，仿佛都和我格格不入。为了快速上手，我选择了与朋友圈比较接近的视频号，每天分享一点干货和心得。一开始确实吸引了不少朋友的关注，大家发现原来我的口才不错，但是除了自己圈子里的朋友，基本上没有什么外来的流量，坚持了一段时间，播放量还是青黄不接，我也就有想要放弃的念头。就在想放弃的前夕，我无意中把一场线下课的花絮放了上去，意外地获得了官方的推流，播放量一下子就上去了。我不知道是什么原因，抱着试试看的心态，又放了几条纯花絮，也都获得了官方的流量支持。

难道不说话的视频，平台就会推广吗？于是我接着放美景美图，两周时间里，几乎每一条都得到了推流。我开始总结，应该是花絮类视频的时长短、完播率高，所以效果好。于是我开始整合视频，把讲课和美景的视频结合起来，制作出成品上传，果真平台都推荐了。就这样，在不知不觉中，我摸索出了一条适合自己的短视频之路，回想之前的挫败，不禁感叹：还好没放弃。

带着新的作品，我拜访了好几个做线上推广的高手，他们也都一一指点，其中有一个词几乎每个人都反复强调，那就是"坚持"。在找到突破口前，一定要坚持，哪怕你的作品没有一个人看。

无论是线上还是线下，其逻辑本质都是人与人的关系。我在短视频这件事上坎坷的经历，就像新会员初次来到我的平台时，他们是迷茫的，需要被指引，学习该怎么做，如何做，而不是看到没效果就马上放弃。

我们常常会羡慕别人的成果，然后拿自己的不足去比较。比如我有一个会员在小红书上有40万粉丝，她做一次直播就能卖100万元的货。我看着很羡慕，也想学习她，于是模仿她的推广方法，甚至抄她的标题，结果一个看的人都没有。为什么会这样呢？很简单，她的粉丝是她苦心经营了两年的结果，而我还没有粉丝就开始打广告，当然无人问津。

这个现象看起来很可笑，但生活中的我们就是这样迷失的。如果在我擅长的领域，比如高端沙龙，哪怕只有10个客人，让我帮助会员成交600万元也不是难事，而她就未必做得到。

我很喜欢复旦大学王德峰教授的一句话，他说："别相信市场上那些所谓的成功法则，他们真正成功的原因，他们也没有说出来。都是因为内心受到过煎熬，才能绝地重生。"我们想要别人的果，却不愿意承担过程中的煎熬，当然是没有办法修成正果的。

做任何事，都需要"坚持"，无论在线上还是线下。在获得流量和财富之前，我们都要认真地考虑清楚以下问题：你付出了吗？你到底能给他人提供什么？

你能给什么？

商业的本质在于交换，这是亘古不变的法则，也是一切商业的基础。如果违背这个法则，自然无法得到我们想要的东西。当你渴望得到一样东西前，有没有想过可以付出的是什么？

我在长期组织社交活动的过程中发现，99%的人都混淆了自己能给的和想要的。当我问他们能给什么的时候，他们说出的往往是自己的商业目的，比如能给你折扣和优惠，能跟你分享产品的专业知识等。人们在彼此产生信任前，就迫不及待地想要被接受，无形中增加了社交的信息"内卷"。不谈事业，你就没有任何可以分享的东西了吗？很不幸，在市场竞争的"摧残"下，我们已经丧失了纯聊天的能力，社交场合变成一群急切地想要推销产品的销售员竞争的场景。

这里要区分一个概念，目的不是目标。如果你的目标是赚一个亿，那么目的只是过程中的一个点，不可能压上全部的赌注。有的人总是喜欢孤注一掷，比如来举办一次社交沙龙，就一定要赚回多少钱。这只是"会销"思维，而不是社交思维。社交的本质是思想交流，而后产生信任，产品和销售只是信任之后的附带"甜点"，不是"主菜"。

为什么那么多人觉得社交场合越来越鱼龙混杂了，就是因为有很多把"目的"当作"目标"的人在里面。他们认为必须把自己的广告说出去，要成交，不买就得逼单，这就造成了陌生客户的反感。

我曾经多次犯过这个错误，有时候真的很迷茫，怎么才能把公司的绩效指标和利他心结合起来呢？一方面想给大家最好的，另一方面又不得不卖产品。直到有一天，我认识到了有一个概念叫作"销而不销"。

什么是"销而不销"呢？说实话，没有哪个品牌做活动是不想达成销售的，完全没有目的是不可能的。可是为什么大品牌能让人心甘情愿为溢价买单，而我们不行？其中的差异就在于大品牌玩的是一个整体游戏，不在每一个"点"上下赌注，而是用无数沙龙、广告、店面、产品形成品牌整合效应，产生高级的价值感。这就是品牌行销的秘密。

如果我们把每次亮相的机会都当作销售路演，那么就会一直成为一次性"销售"，无法形成品牌效应。无论是基于何种形式的销售，其本质都是获取信任。哪怕你只是买一瓶洗发水，也要通过看广告、逛商场、听推荐，才会开始买单，这就是销售的三次成交定律。

在别人对你产生信任前，过度的销售只会带来挫折，我们要做的不是无休止地推销自己，而是要思考，为什么别人不愿意为我们买单？是信任不够，还是认知不对等？知己知彼，才能百战不殆。

不妨来算个账，如果你既没有大品牌的实力去投资店铺和广告，也没有预算去不断地为客户提供体验，那么单就个人而言，你有什么价值可以提供？如果你希望能够实现目标，那么每个机会都是通向目标中的一环，你可以无处不在地提升自己的影响力，输出能够提供的价值。

终点思维

社交是有顶层思维的，如果你只把自己当作一个"点"，错把"目的"当作"目标"，那么你每天都将经历失败和挫折。但是如果你把目标设置在一定的高度之上，过程中的每个"点"，都将成为你上升的台阶，那么你每天都在希望和前进中度过。同样的行为，不同的思维，带来的结果是完全不同的。

爱因斯坦说过："你无法在制造问题的同一思维层次上解决这个问题。"如果你想要的是赚钱，那么必须把目标定在钱之上，也许是安全，也许是理想，也许是爱与尊重，一切皆出自于心。把目标设置在物质层面，那将很容易失去，因为物质最终是会消失的。但如果你的目标在精神层面，它将很难被摧毁。

我在线上做短视频的时候，时不时会被一些网友嘲讽。比如有人会直接问我："是不是40岁了？"对此，我回答："快100岁了呢，再过几十年就到了。"我完全不生气，因为我的目标不是让别人夸我年轻貌美，而是有更高的理想——带领人们找到真实的自我价值，那么我自己怎么可以否定这份价值呢？

很有意思吧？因为我的目标是在精神和内在层面，所以任何外在的攻击对我而言都不成问题。如果你很介意某些人对你的攻击，那么一定要好好想想，是不是自己把目标设定得太小了。

稻盛和夫在《工作即修行》一书中说过：

我站在一楼有人骂我，我很生气；

我站在 10 楼有人骂我，我听不太清楚，以为是在跟我打招呼；

我站在 100 楼有人骂我，我根本看不见，也听不见……

一个人之所以痛苦，是因为他没有高度；

高度不够，看到的都是问题；格局不够，看到的都是鸡毛蒜皮的小事。

企业家到底比别人多些什么？无非是他们的格局更加广阔。目标定在内心和精神层面，那么过程中的每一步都变成了修炼，生活中一两次的销售失败，也就不能摧垮你了。

不妨花些时间在自己的身上，开发出一些迷人的特质，比如活力、开朗、稳重和细致，让这些特质形成个人名片的引流口，通过认识你这个人，从而爱上你喜欢的一切，这个过程就是影响力形成的过程。没有人会相信一个陌生人的自卖自夸，人们只会信任能够影响自己的人。产品永远是在人的身后，产品是人们谋生和实现理想的媒介，不要把你这个人等同于产品。当你成为一个有影响力的人，代言什么产品不行呢？

做好社交顶层设计的第一步，就是先把"个人品牌"立起来。你越是真诚地输出自己就越容易成功，因为这就是"道"——付出即得到。从今天起，定个小目标，大胆地、精彩地活出你自己！

亲切的引流

量变到质变的法则，很多人都知道。那么怎样才能在社交中获取更多的流量呢？除了要展示个人品牌，还有一点，就是要亲切。

无论你想要的是什么，就算想要在社交中引流获客，都需要做到"亲切"。我见过很多在社交中所谓的"高大上"的人，他们展现着和自己交友的"门槛"，比如需要多少实力，有多少限制等。其实一方面想要体现自己的"高度"，另一方面又想要有人气，这表里不一的样子矛盾极了。

马斯洛认为，人是一个整体，而不是一个单独的点。当你饥饿的时候，整个人都会感到迫切地渴望食物，而不是只有你的胃渴望食物。虽然我们把目标定在星辰大海，但是面包还是要有的，否则怎么支撑我们抵达呢？无论你的项目规格多么高，引流的时候都需要制造亲切感。

高度是指战略和思想，而不是指做人的态度，当你决定付出你自己，要思考的下一个问题是：你给出的东西是人人都需要的吗？比如我喜欢哲学，也爱分享哲学思维，但是哲学的世界枯燥乏味，如果我只给出那些理论，那么大家都会敬而远之。但是当我用哲学思维来分享人们感兴趣的话题，比如"亲密关系中如何搞定对方"，大家就都觉得很有意思。

我曾经听过一个真实的案例，它来自我的心理学老师。她在日本出了一本书，一开始起了《如何在关系中修行》之类的书名，出版社觉得不好，就帮她换了一个书名，叫作《御夫36计》，结果这本书大卖。人们想着怎样搞定老公才买的，结果看到内容，才发现这居然是搞定自己的书。但看着看着，觉得很有道理，却受益匪浅。

我见过太多执着的老板，他们相信自己的东西好，也希望客户能相信。所以他们不断地教育客户，告诉客户这一切有多么伟大。但是，对客户来说，你的研发过程和他们又有什么关系呢？他们只在想：这对我有用吗？我买得起吗？能捡便宜吗？

如果你的产品真的很好，那么就更应该被世人所知，所以你要传递的必然是客户想要的信息，而不是你自己想讲的内容。为什么那么多厉害的策划公司，给产品起个名字也要收几千万元？很简单，他们知道客户要什么。如果你只是活在自己喜欢的"自嗨"中，不断地用专业术语、背景等内容来"教育"客户，说明你渴望的并不是赚钱，而是被认可、被理解。而当你去调研客户的需求时，可能会大吃一惊，他们完全不在意你给的"高大上"的东西，而是在意被他们感动的东西。

我曾经调研我的平台会员，发现她们入会的理由居然是这样：

1. 到了卡枚连平台，我学会了女性该怎样自信绽放，然后找到自我。在这一点上，其实我是非常有感悟的。在卡枚连平台，只要我有轻微的变化，姐妹们都会赞扬你："你今天怎么又变化了？又漂亮了，又自信了！"然后你会感觉到：哇，大家都是这样爱你！

2. 活动现场的姐妹们也不断地鼓励我，大家一起分享快乐的事情，就像家人一样，给予我满满的安全感与正能量。我觉得是这种安全的能量让我喜欢这里，反正我知道，在这里就算我做错了，做得不好，大家也都是包容和欣赏的。这种接纳其实对一个人来说是很重要的，可以让人变得自信起来，愿意尝试去探索与进步，把自己变得更好。

3. 在企业慢慢发展起来后，我不想将人生焦点全部放在工作上，想让自己的生活多元化一点，能够多认识一些品牌，交新的朋友。正好卡枚连平台满足了我的需求，我选择去参加各种活动，让我除了工作外可以有一些个人的精彩生活。跳舞、唱歌、参加聚会，获得不同行业的人脉资源，在丰富个人生活的同时也对事业发展起到了帮助作用。

被欣赏、接纳、肯定……这些都是会员们真实的声音。我们还问了很多人，发现他们在意的都是情感层面的东西。这是多么真实且残酷的答案。如果是为了客户，只要做好他们在意的事情就可以了，多余的动作是做给谁看的呢？所以在那之后，我的产品逻辑就简单多了，根本不需要复杂的程序，只要做好他们在商业交换上的联结者，去陪伴大家成长就好。只要大家能在这里获得真实的价值，自然会源源不断地吸引人来。

我好像突然明白了商业真谛，没有人会在意和自己无关的东西，打动客户的关键是要让他们自己打动自己，我们只要制造这个场景，促使那份感动发生而已。正如爱迪生不会和你分享什么科学原理，他只会给你一个开关，光明就到来了。再高级的思想，也需要亲切的落地应用才能被普世推广。所以，你要如何打动你的客户？用什么来做媒介？

干净的销售

有效社交离不开成果，如果你一直忙碌地奔波和应酬却收效甚微，那么一定要停下来思考：是不是哪里不太对？别试图用行动的勤奋来掩盖思想的懒惰。

在社交中实现销售是一件很难的事情吗？

我个人非常喜欢销售，尤其是在社交场合。每次帮别人卖东西我都很兴奋，一旦达成目标就觉得特别有成就感，但销售自己的产品就经常卡壳。我发现很多人都有类似的困扰，为什么我们往往更擅长推广别人呢？答案其实很简单，并不是我们不如别人，而是因为我们不够了解客户。

例如，我曾在下午茶活动上帮助设计师郭培完成 50 万元以上的销售业绩。整个过程我只说了两句话。第一句：她有匠人精神。她的衣服不是按衣服的标准在设计，而是像艺术品一样在设计，她的服装是可以收藏的。第二句：她的衣服是用金线刺绣的。金线是 7 针断线，这样的一件衣服要花费多少心血，你可以自己想想看。就这两个逻辑，其他的比如工厂在哪里、有什么品牌故事，都不是我要讲的。而且再多信息我也不了解。

但是这样的销售逻辑一回到自己身上就乱了，比如我的课程有多少卖点，是不是独家版权，花了多少个日夜进行创作，获得过多少学员青睐，蕴藏着多少付出和价值，让我讲一个小时好处也说不完，而且就算我说完了你也不知道这堂课到底能给你带来什么。因为是"自己家的孩子"，看到的好处总是特别多，所以反而看不到对方的需求了。其实只要去采访一下客户，答案就一目了然了。

做完客户调研，我才发现没有人因为我的课而来，而是因为我这个人。首先是欣赏我的思维，觉得可以帮到他们；其次是在这里找到了归属感，感觉到被认同和被欣赏。这也就符合我们传递的核心价值观。在这些原因之后，才是现实层面的需要，比如认识了多少人、做了多少业绩等。

最终，我总结了三句话来传达我的课程到底能带给人们什么：

批量促成合作 —— 让会员在平台结识的人脉能产生落地的价值。

课内多次路演 —— 让会员的项目被更多人看见。

思想同频共振 —— 陪伴大家一直成长。

即使把事情说明白了，做课程销售也并不像卖洗发水那样简单。它需要真实的体验，而最好的证据就是客户的见证。这就像网购，你无法看到衣服的真相，只能通过买家秀和评论来判断这件衣服是否适合你。

你需要的是放下自己的广告，认真地聆听客户的成交理由，去洞察他们的痛点在哪里、你的机会又在哪里。不要试图改变客户的想法，只要能从他们那里知道买单的理由，哪怕是客户投诉都可以变为成交的机会。比如有人不上课的理由是没时间，你只要找到一个没时间也来上课的成功案例，就可以让学员完成自我说服 —— 停下来是为了走得更快，也许这次课程里就有他要认识的人，反而能实现加速。还有人提出的理由是害怕和很多人交流，这时候就需要有一个跟他遭遇同样问题的人告诉他："我也怕人多，但是我觉得生命很多元，也想挑战一下自己，说不定没有想象的那么难。"所有的成交都是客户自我说服的过程，那么找到标杆，就能加速这个过程。

其实商业的本质是一样的，只要能够清晰地知道客户到底要什么，就可以准确地向其他同类客户表述你的产品。当这种描述不断地被迭代、被简化，达到一个突破口时，产品力就形成了。那么无论是海报宣传还是网络宣传，只要客户看一眼，便会判断自己需不需要，根本无须多说，简单而直接。

别想着去抄别人的产品逻辑，除非你们的客群高度一致，否则他抓的要害跟你无关。花心思在自己客户身上，无论他们是拒绝还是喜欢，都是一次更新产品思维的机会。

如果你不试图去改变他人的思维，证明自己有多好，那么销售就是非常辛苦的一件事，而当你把自己的产品打磨到干净、清晰，也就会收到他人的回馈了。那些客套的社交机制，表面上认同对方，实际却不会出一分钱。只有真正弄清楚别人买单和不买单的原因，才能对症下药，设计出好的产品语言。就这样一次次更新迭代，直到你说出来的产品和客户看到的与体验到的是完全一致的，就可以开始大量地推广和复制了。

"一"是什么？

社交是多维的，正如生命中的每一次累积一样，无论成功还是失败，都是多个原因的总和，但其中一定有一个是核心要素，只要解决了它，其他的问题都可以迎刃而解。

我为什么喜欢哲学，就是因为它让我学会思考，找到现象背后的本质。如果我们只是在一个点上试图解决问题，就会陷入无休止的麻烦中。比如有员工反馈公司的产品不好卖，如果只是解决产品的问题，就会不断地自我折磨。而要真正解决问题，必须跳出思维的框框。产品销售牵扯的除了产品，还有员工的积极性，对客户的了解以及专业度，不是一句"产品不好"就可以概括的。

如果你是创业者，更要找到关键点，也就是所有问题底下的根本，而不是疲于奔命地解决层出不穷的表面问题。周围的人一定会跟你说，做不好是因为你管理不好、项目不好、产品不好、机会不好、待遇不好等。如果你信了，就会陷入不断地解决各种问题的循环，这些问题是永远解决不完的。一个公司真的可以做到几年不变吗？连政策都会改变，何况是面对瞬息万变的市场。关键是不要迎合别人的喜好，而是要找到引发这些声音背后的核心问题是什么。

我们是做线下社交平台的，和所有同类型平台一样，表面上看大家需要的都是会员，而区别在于对会员需求的洞察深度。平台刚刚成立的时候，我们想要高净值的客户来入会，可是他们需要什么呢？我们在进行市场调查后得出结论，他们需要高端的社交场合，所以我们就不断地举办高端的活动。人确实来了不少，但是留存率却很低。这个时候必须思变，因为过去的认知已经无法为公司带来效益。

于是我问自己到底要什么？是要人来，还是要他们一直在，以及最好还带人来？我的野心告诉我，我希望他们一直带人来，这就涉及复购和转化的问题。怎样才能让客户不断地在平台复购呢？单纯做社交活动肯定是不够的，必须挖出更深层次的需求。于是我们继续调研，去研究客户留下的原因，发现好评大多来自在平台获得收益的会员，也就是他们在这里赚到钱了。最初是基于好玩，然后是商业需求，最后是精神需求。基本上满足这三点的会员就成了平台的忠实粉丝，他们是不会离开平台的。

但是问题又来了，这样的情况毕竟有偶发性，平台很难人为地去控制会员之间合作的概率，只能创造让他们相遇的场景，期待他们会碰撞出火花。这就变成了无法复制的卡点。很多平台都卡在这里，会员来平台到底能不能获得实质性的收获？答案是肯定的，问题在于无法形成批量性。没有得到实质收益的会员的影响力往往大于那些获得实质收益的会员，所以很难形成品牌效应，自然难以做大。

在疫情期间，我有了足够的时间去反思，发现核心问题在于教育。如果让会员赚到钱是"第一"重要的事情，那么教育就很重要了，赚不到钱的原因往往在他们自身，比如他们的模式有问题，他们的情绪有问题，这些不通过课程是无法实现会员之间的批量合作的。于是我们再次改变策略，花了18个月研究课程体系，并在获得一定的成效后，成立了知见研究院，就是为了协助会员绑定彼此的合作关系，让他们学习正确的路演、引流的方法，优化产品逻辑，明确合作点数和方案等。平台的目标也从促成交易转变为促成联盟和投资关系。他们有收获，平台就有价值，后续的推广自然不是问题。找到了"一"，其他问题便能迎刃而解。

有的会员在学习后跟我说："我以为你们在课程里会打广告，让我买点什么，结果全程你们什么也没卖，全部在帮我们，太让我意外了。"

我说："是的，你们都没有赚到钱的时候，我们能赚到吗？平台的价值是赋予会员价值，所以第一步不是我们的目的，而是怎么批量地完成你们的目的。"所以在设计课程的时候，我只要思考以下几个问题：

1. 怎么让大家的合作在一个月内全部落地。商业模式的梳理是最重要的，否则大家整天啰里啰唆的，只是口头敷衍，怎么会有效果呢？所以这个是必须教的。

2. 情绪问题。动不动就分账不清、分工不明、心里不爽，内部已经打起来了，更别提要实现什么共同的商业目标了。所以心理学是一定要有的，知道自己的动机，锁定和明确目标，才不会被小障碍打败。

3. 媒介问题。要把大家的项目真正地关联起来，这时候平台系统就发挥作用了，把你自己都不知道的资源理出来，然后点对点、面对面地进行归纳和对接，最后再共同完成一个目标，合作能不成功吗？

他说："真是，我现在就要把自己身边的企业家带进来，以后跟别人合作前都必须让他们先来上你的课，否则肯定吵架。"

看，他找到了说服自己的理由。所以我根本不是在讲课，而是在教育会员如何通过平台的力量获得自己想要的东西。

其实来上课也好，买卖交易也罢，本质都是买方和卖方的供需实现平衡。任何平台想要做好，商家在获得平台的流量支持之前，都需要学习，淘宝有商学院，抖音也有线上教程。想赚钱，必须先学习。学习是工具，是途径，也是捷径。如果你的客户没有经过教育，他们就不能传播你的思想。很多人不是不想帮你推广，而是不知道该怎样帮，如何做，做了以后自己有没有好处。只要把所有合作前的顾虑和障碍都扫除了，人人都是愿意利他的。

在找到那个"一"之前，需要做的就是不停地学习、思变和进步。对我来说，线下社交平台最重要的"一"不是怎么收费、怎么圈人，而是怎样促成现有的人在平台实现最大的价值。很多人在事业进行到一个阶段的时候，都会产生社交需求，想要破圈，认识更多的人，这是一种刚需。但是由于线下平台的服务大多只是组局、聚人，无法做到服务标准化，人们进入后还是要自己摸索，这个试错期太长了，变数也太多了。一套标准的教育系统，可以缩短人们的探索过程，让效益来得更快更多。这就是社交能够带给人的价值，组局的人首先要明白自己的价值，参与的人才能收获到价值。

我相信人的一生都是一个不断认识自我价值的过程。你所做的事情，当你自己明白其意义的时候，影响力便不同于以往。那么，问题来了，你的"一"是什么？你想要用怎样的方式开始？

认真地去思考这个问题，让我们从这里开始高效社交的旅程。

社交的起点

你抗拒社交吗?

每个人都有两次生命,
第一次是活给别人看的,
第二次是为自己活,
而第二次生命,常常是从 40 岁开始……

这是心理学大师荣格说的。

我曾经参加过一个"动态静心"的课程,里面有一个环节是让大家蒙着眼睛在黑暗中随意舞蹈,我发现当我内心宁静,越是专注于自己的世界,越不会撞到人,反之则会一直撞到人。我当时觉得特别神奇,原来人可以活在自己的心中。那之后,我也常常思考,怎样才能把那种感觉带到生活里呢?

慢慢地,我注意到很多人在生活里都做到了这种"动态静心"的状态。他们不需要通过刻意打坐或是其他方式,而当他们专注地做一道菜、听一首歌、看一本书,不再是为了别人,而是与自己同在的时候,就是不需要去刻意寻觅就能达到的自然状态。

再看荣格的那段话,感受便不同了。大部分时候,我们被生活的琐事包围,被他人包围,没办法专注做一件事,总是忙完这里忙那里,别说思考了,就连喘息的时间也没有。眼中只有事,只有他人,却没有自我。所以遇事遇人总觉得茫然，总是想抗拒，不知道到底忙了些什么。

而随着年岁的增长，我会花更多的时间和精力与自己相处，这样的"静心"时间越来越长，生命的品质必然得到提升，不会和过去一样，处处被干扰和"撞到"。有自己独立的空间，与人保持适当的距离，却又没有断开和他人的连接。再回看过去的种种，仿佛没有活过一样，与其说这是二次生命的开始，不如说，这是觉醒后的重生。

我开始思考，可不可以用这样的心态来看待社交呢？与人交往就像"动态静心"一样，是蒙着眼和一群人共舞，起初确实是充满恐惧和抗拒，到处撞人、受挫，尤其是当不知道为何要社交的时候，更觉别扭与烦心。直到能够清楚地知道自己为什么要社交，那个目标便出现了并安住在自己心里，外面的干扰自然就消失了。

其实社交根本不用刻意外求，而是专注于自身，处在与自己同在的自然状态。

社交最好的状态，就是从这样的起点开始。

你的社交目标是什么？

我过去一直抗拒社交，一方面因为童年先天的声带缺陷带来内心的自卑，另一方面也因不知道为什么要社交。所以多年来，我虽然渴望成为一个受欢迎的人，却始终走不出这一步，直到我创建了社交平台。当时的想法很简单，希望为更多和我一样的女性提供社交资源和机遇。看上去"不得不"的开始，其实正是一个简单而清晰的社交目标，让我变得坚强了起来。

社交平台创建以后，虽然遇到很多挫折，也很多次想要放弃，但是每多一个人因为我而受益，这份坚定就增强一分。直到有一天，一个客户对我表示真诚的感谢，我瞬间觉得自己收到的爱要满溢出来了。虽然起心动念是去帮助别人，但是真正收到最多爱的人反而是自己。从此不再需要证明，去做就是了。内心的杂音消失以后，外在的干扰也少了很多，或者说是不再理会了。我开始享受这个过程，我知道是为自己去做的，利他就是利己。

有一个负责社群的同事小戴，从一个每月做万人业务的线上培训机构来到我们这里。初来乍到，她一个人支撑起了一个团队的事情，不但要负责社群，还要协助我出品线上课程。为了了解和学习我的思维，她还不得不进入各种社交场合。刚开始她很抗拒，可一想到不亲身体验课程就做不好，于是她逼自己全身心地投入一次次活动中。慢慢地，她开始觉得和陌生人沟通并没有那么可怕。而等她看到辛苦制作出来的作品被推向市场，内心的成就感更是爆棚，开始主动要求多认识人，增加互动和社交。

这就是目标带来的力量，它可以改变一个内向的人。

任何人要想接受新事物，都需要一个由内心"生长"出来的目标。这就是必须为自己做，才有动力。这很像小时候大人们讲的，孩子什么时候开窍了，成绩才会变好。这个"开窍"，就是一种内心的力量。我小时候就没有找到那个学习的"目标"，执拗地认为它是父母和社会强加给我的不得已的任务。直到创业后，发现自己追赶不上了，才真正明白学习是为自己做的。

无论是读书还是社交，工作还是健身，它们本身未必是你喜欢的，但是如果设定一个目标，动力就会由内至外地迸发出来。如果你还有一些抗拒社交，别总羡慕别人为何能够如鱼得水，游刃有余，为自己设定一个社交的目标吧！无论是增强沟通能力，还是多认识一些人获得机会，还是你单纯地只想迈出第一步，都可以成为你的起点，社交最好的状态其实是与自己同在。想明白这件事，你的第二次生命，随时随地都可以开始。

社交的前世今生

你每天花多少时间社交？

家人、邻居、同事、客户……早晨一睁开眼，一天的社交就开始了。为什么这么高频率的行为，却没有一门系统的课程？社交，仿佛成了每个人都在经历却又搞不懂的"玄学"。

有句话说得好，读万卷书，不如行万里路，行万里路不如阅人无数，阅人无数，还要高人指路。

鲜为人知的社交本质：利他

成功人士都是社交达人。

拼多多的创始人黄峥就是通过社交成就事业的范例，很多人将他的成功归因于他的"朋友圈"。黄峥的"朋友圈"确实是他自己"争取"来的。黄峥出身于普通的工人家庭，没什么显赫的关系，但他在大一的时候，成功入选浙大与梅尔顿基金会的合作培养计划，被送至美国威斯康星大学深造。大四时，通过 MSN 结识丁磊，帮助丁磊解决了几个技术问题。读硕士学位期间，通过丁磊结识了段永平，帮助段永平解决了一些投资问题。后经段永平指点加入谷歌，成为李开复的同事……这些都为他创立拼多多打下了坚实的人脉基础。

如果仔细探究，就会发现一件很有意思的事情 —— 他和大佬们的结识几乎都是从"利他"开始的，也就是他是帮助别人的，而不是一上来就去巴结别人。这一点非常关键。

谁说有钱人就没有烦恼，不需要帮助？其实很多大佬是非常虚心的，所以才能成功。我和丁磊曾有过一"饭"之缘。那次我和他的太太一起吃饭，丁磊正好过来，得知我在做营销公司，他又正好收购了几个营销公司，就问了我一些关于如何做营销公司的问题，我也如实地回答了，整个过程非常愉快。不仅仅是他，很多大企业的老板也都跟我请教过如何服务 C 端客户的问题，对他们来说，提问不过是实现自己目标的过程中不可或缺的一步。

为什么大佬们喜欢聚在一起社交？因为不累，也不用去应付那些无谓的奉承，可以把注意力放在获取自己想要的答案上。换位思考一下，当一个人把所有的溢美之词和专注力都沉甸甸地压在你身上时，是不是一件挺可怕的事？哪怕是亲生父母用这样的方式去爱孩子，孩子都会反感，都会逃跑，何况是事业成功的大佬？

也有一些人喜欢在各种社交场合表现自己的无所不能，这时候他们的注意力已经全部集中于对方是不是相信自己、服不服自己，根本没有回归目标。所以他给人的感觉反而是"空"的、"虚"的。

确实，一个人要成功，需要建立自己的社交圈，但是社交的本质并不是我们习以为常的奉承、卑微、求认可、博好感，而是要找出自己的核心价值，然后不断地锻炼自己，对他人产生价值，产生利他的效果。最终使得这些社交资源可以为自己所用，为自己的目标添砖加瓦。

被人忽视的社交基础：礼仪

"国之大事，在祀与戎。"此句出自《左传·成公十三年》，源于刘康公的一段说辞，反映了古人对天地的敬畏，对祖先的崇敬和统治者崇尚征伐的思想。

事件的起因是晋侯要攻打秦国，派特使郤锜向鲁成公借兵，但这位郤锜在行事的过程中，不够恭敬有礼，因此遭到孟献子的非议。孟献子是鲁成公的高级副手，每次遇有朝拜周王等重要事宜，都会与鲁成公同行。孟献子批评郤锜说："礼，身之干也。敬，身之基也。郤子无基。且先君之嗣卿也，受命以求师，将社稷是卫，而惰，弃君命也。不亡何为？"意思是说，郤氏的失礼不敬有负君命，无异于自找灭亡。

同年三月，鲁成公与晋侯朝拜周简王，会同刘康公、成肃公准备一起伐秦的时候，成肃公在社庙接受祭品，也出现了失礼不敬的行为。这引起了刘康公的强烈不满，大发议论说："吾闻之，民受天地之中以生，所谓命也。是以有动作礼义威仪之则，以定命也。能者养以之福，不能者败以取祸。是故君子勤礼，小人尽力，勤礼莫如致敬，尽力莫如敦笃。敬在养神，笃在守业。国之大事，在祀与戎，祀有执膰，戎有受脤，神之大节也。今成子惰，弃其命矣，其不反乎。"

这段议论的名句便是"国之大事，在祀与戎"。"祀"即祭祀活动，古代传统社会中的祭礼庄严而隆重。"戎"则是军事行动，对一国而言，是重要的战略举措。两者同为"国之大事"应无异议，因而一旦涉此二事，必须严谨如仪，慎之又慎，起码要守住"敬"这个礼仪环节。

在古代，统治阶级要树立威信靠的是祭祀和打仗，这两种形式的社交是贵族实现统治的重要途径。

而现代，平民百姓少有机会接触这些。商场如战场，如今要完成社交和连接，虽然不再仅仅依靠祭祀先祖的祈福仪式，但各种庆典、活动越来越多，商家以此实现聚集人气的目的。在当今这个时代，如果你想成为一个有影响力的人，已经不单单依靠身份，普通人通过社交行为也有制造影响力的机会。但要怎么维持其中的"礼"，确实不容忽视。

中国的"礼"是非常繁复和严谨的。自公元前 1046 年周王朝始，周王朝官学即要求学生掌握"六艺"——礼、乐、射、御、书、数。"五礼者，吉、凶、宾、军、嘉也。"而中国的茶道、香道所讲究的礼仪传承也是博大精深。中国的礼仪文化源远流长、传承有序。

系统的礼仪文化虽然艰深，让人望而却步，但是我们都需要去了解和涉足礼仪这个范畴，因为它是社交的基础。在快节奏的现代社会中，有人对礼仪是藐视的，认为礼仪是矫情、麻烦，甚至一些人置礼仪而不顾，"礼"文化慢慢变成了"冷知识"。但是换一个场景，面临同样的机会，懂礼的人和不懂礼的人，对机会的把握度就相差甚远。可以说，"礼"虽然不是时时都能派上用场，却是我们不能不懂的"常识"。

在拥挤的电梯里大声讲电话会显得很失礼；在公司自助餐聚会时，打包盒饭带走，引人侧目；社交场合，穿着随便，会被人暗地嘲笑……这些"社死"现场，如果有"礼"的加持，完全可以避免。无论是公筷礼仪还是出电梯的顺序，这些与现实生活息息相关的礼仪细节，离我们并不遥远。要记住，口才好，会讲笑话，从来不是社交的"免死金牌"。礼仪的深厚基础，才是社交中不经意间展露的"珠光宝气"。

和人的交往本来就是复杂的进化过程，很多社交细节是在日常练习后化为习惯融在血液里的，看上去云淡风轻，背后却是多年历练的习以为常。没有人能够百分之百地成为社交多面手，每个人都有自己无法涉猎的领域，但只要熟知大体的思维和方法，就能见招拆招，以不变应万变。

所以，我想简单地跟大家分享几种社交礼仪的基本逻辑：

自我介绍：在社交场合，自我介绍是尽量对每个人介绍，而不是单独对现场的某一两个人介绍。

聊天时长：在社交场合，跟一个人的聊天时长不宜超过 10 分钟。

着装规范：根据主办方的要求穿衣服。如果没有明确要求，应穿着得体，拖鞋、运动服不适合出现在正式的社交场合。

就餐座位：主办方落座前，最好不要自己先落座。可以坐在等待区，或是和人聊聊天。

买单顺序：一般是谁发起谁负责买单，除非事前讲好 AA 制，不要觉得别人比自己有钱，就应该买单。

随手礼：见面准备一些随手礼，不需要贵重，表达的是一份心意。

电梯：把客人送进电梯后，要等电梯门关上再离开。

上车：如果是主人开车，要坐在副驾驶，不要坐在后座。如果是司机开车，则可以坐在后座。

……

很多时候，一个好的机会是不会提前预告你的。"千里之堤，毁于蚁穴"，细节都隐藏在平时的生活点滴中，一个结识人脉的机会可能在一个礼仪细节中毁于一旦。打牢礼仪这个社交基础，才能在这个人人都有机会突破阶层、大放异彩的好时代，利用机遇活出我们生命的精彩。学习，是为了不愧对这个时代给予我们的机会，也是为了更好地实现自己的目标。

销而不销的秘密

为什么现在的社交口碑那么差?

因为社交在很多时候被等同于"会销",并不是说"会销"不好,而是它只是一个"点",不是全部。如果每个人在社交场合都只想着自己的产品怎么推销出去,那就是巨大的"内卷",满场都是卖东西的人,谁来买呢?这肯定会造成恶性竞争。

营销中有一个概念——销而不销,这是销售的最高境界。它的意思是要把个人和企业打造成品牌,而不是把自己等同于产品。

常见的销售困境

给大家分享一个案例吧。我曾经为一个会员打造高级影响力,她本身的条件非常优秀,经营着自己的定制珠宝品牌,怎么看都是一手好牌,偏偏她每次自我介绍时都说自己能做知名品牌的仿版,比正品要少很多钱,非常划算。我问她这样说的目的是什么?她说让陌生客户买单很难,所以她要让入口变得具有诱惑力,接地气。最终她还是希望客户买自己的大件珠宝。我说:"你把宝贵的第一印象用在推广仿版上了,别人敢买你的大件珠宝吗?"

确实,开篇我们就说过获客的方式要简单轻松,让人能够接受,但是这不代表要贬低自己的价值。品牌的高度要高,准入门槛要低,这个低是让客户产生兴趣的方式,而不是指品牌的调性。

我给她指出了四个做大个人品牌的方法:

第一，介绍自己在珠宝原石上的优势，比如蓝宝石女王、珠宝设计鬼才等。

第二，去国外打品牌，再回来推广。去参加顶级社交活动，让自己设计的珠宝登上国外杂志。

第三，突出个人背景优势，比如某某家族传承人。

第四，把引流口改为客户的兴趣点，打造系列 VIP 活动。比如通过星座运势珠宝沙龙、公主角色装扮等方式，充分发挥年轻、好玩、有乐趣的特质，让人人都想跟她在一起玩。

这四步做完后，她快速地积累了原始粉丝，都是清一色的高净值人群。并且之后她参加多场高端社交活动，成功在小红书圈粉，还吸引了一个大明星股东加入，非常成功。

无独有偶，几年后又有一个朋友也是家大业大，家里有上市公司，因为喜欢时尚而做了潮牌。可每次介绍自己的品牌，她都会说："我卖衣服也不是为了赚钱，随便你们买不买。"她觉得这样的介绍是干净的销售，但其实客户心里会想："哦，你自己都不当一回事，贬低自己东西的价值，却要把垃圾卖给我吗？"

我在长期社交活动中发现，有几种新人常见的销售困境：

1. 打折也没人买。不断贬低自己的价值，试图模仿那些互联网巨头，用低价来获客。我们要认识到的是，人家可以烧钱获客是因为背后有资本，普通商家是没办法一直在没有利润的情况下发展的。

2. 一收钱就废。前面免费体验过了，后面要收钱就被拒绝了。连丰巢这么大的企业进入小区安装快递柜，收 1 块钱超时费都被抵制，何况是普通商家呢？

3. 中间方没价值。帮人做介绍很容易被跳线，自己也常常会不经意地切客，久而久之还是一个人，自己销售自己。

之所以会遭遇这样的销售困境，是因为顶层设计出了问题，要么是把自己的价值放低了，要么是放得太高了。如果努力了几年都没有带来想要的结果，就应该停下来，思考一下怎么拔高自己的个人品牌。

打造品牌的四个层面

打造品牌的过程简单地说可以分为四个层面：文化上如何营造适合客户的文化氛围，也就是怎么带给客户内在文化的感觉；在情感上如何制造安全感和荣耀；怎样通过设置规则和界限来提升高度；最后如何通过营销来借力破圈（如图1）。

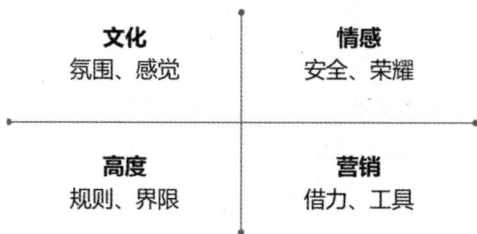

文化 氛围、感觉	**情感** 安全、荣耀
高度 规则、界限	**营销** 借力、工具

图1　打造品牌的四个层面

下面我们来看看大品牌是怎么做的：

2018 年是香奈儿第一次公布财报。

财报显示，2017 年香奈儿全年销售额为 96.2 亿美元，净利润为26.9 亿美元，同比增长 11%，净债务为 1800 万美元，自由现金流为16.3 亿美元。

同时，在亚太地区的销售额为 37.5 亿美元，欧洲市场销售额为 39亿美元。而在营销和广告业务上共支出了 14.6 亿美元，约占总销售额的15.18%

2019 年的年度业绩报告显示，销售额接近 123 亿美元，比 2018 年的 111 亿美元还增长了 10%。尽管集团并未透露各个单品的销售额，但由创意总监 Virginie Viard 设计的服装、手袋系列最为出色，销量增长了 28%。

即便是在深受疫情影响的 2020 年，销售额也有 101 亿美元，营收利润也达 20.49 亿美元。

面对如此高的销售数字，你感觉到香奈儿的营销了吗？为什么大品牌可以做到"销而不销"？来看看它有多少筹码：

门店：全球顶级地段的门店……

沙龙：各种形式的 VIP 下午茶……

秀场：时装秀、高定秀、高珠晚宴……

媒体推广：电影、艺人、网红、网络和杂志……

最牛的是香奈儿的代言人阵容。香奈儿的代言人分类众多，按区域分有：全球代言人—亚太区代言人—大中华区代言人—中国区代言人；按代言产品的范围分有：全线代言人—几条产品线代言人—某个指定系列代言人、成衣代言人—包包代言人—配饰代言人。最近几年还出了品牌挚友、品牌缪斯等代言人"变种"。

这其中的每个细小的点，对一个新品牌和企业来说，都要全力以赴地耕耘很多年才能实现。现在你还觉得人家的溢价离谱吗？

因为大品牌打的是整体战略，所以可以实现无处不在的销售，自然可以"销而不销"。而很多人在每一次亮相都压上全部赌注，渴望一次出单，压力和担子可想而知。

"销而不销"与"销而为销"

接下来，让我们来看看大品牌和小品牌的区别在哪里，你自己的段位又在哪里（如图 2）。

大品牌	小品牌
1. 各部门分工清晰（制度代替个人能力）	1. 随意篡改游戏规则
2. 溢价8~30倍（价值体现）	2. 不承担过程中的损失
3. 善于跨界整合（很会借力）	3. 总是竞争更低的价格
4. 完善的管理，绩效及汇报流程（邮件汇报，有理有据）	4. 隐瞒自己的错误
5. 充足的培训经费（成长大于天）	5. 没有企业文化，从不做团队控制
6. 充足的营销经费（该花钱的不会省）	6. 老板一个人说了算
7. 企业文化形成氛围（重视长期影响）	7. 跳线，喜欢否定中间人的价值
8. 能够带给客户荣誉感（附加价值）	8. 不懂服务，觉得别人理应买单

图2 大品牌和小品牌的区别

第一点：大品牌的管理制度是成熟且通畅的，不要说你也有做管理的，你的方法行得通吗？员工服气吗？是上下一心吗？光第一点就需要很多时间的历练，不是学个网课懂个皮毛就算是懂管理的。管理是一门艺术，而艺术是需要时间沉淀的，没有10年以上的管理经验，都不能称为懂管理。

第二点：大品牌是一定会做溢价的，价值和门槛就放在那里。选择不选择是客户的事情，他们只做好每个细节。

第三点：没有哪个大品牌是不做跨界的，连爱马仕都为了获取"90后"市场和潮牌跨界，懂得借力扩张影响力，这是品牌营销的重要一环。

第四点：大品牌做事为什么要用邮件完成，因为跨部门沟通很容易出现误差，这时候邮件就是最好的凭证，它可以确保每件事的正确传达和实施。这是一种刻在骨子里的习惯。

第五点：他们都重视培训，不是自己去学点东西回来后就对团队里的专业人才指手画脚，而是要安排专业的人持续地做培训。

第六点：营销预算就不用多说了，每一次活动和代言人的策划都是真金白银。能花钱解决的事情绝对不绕弯子。

第七点：重视企业文化的培训，形成统一的企业文化氛围。

第八点：客户在这里消费是有面子的，除了品质保障，还能让客户的个人价值得以体现。

其实，从产品力来说，有很多工厂的产品品质都远超大品牌，但是在一些细节上的差距就不是一点点了，我们来看看小品牌都是怎么做的：

第一点：定好的游戏规则，说改就改。比如答应要给人家分钱，等事情做成了，却找一堆理由说自己亏本，没钱给。

第二点：合作过程中因为自己的失误导致费用上涨，却让客户承担损失。

第三点：不断在价格上搞竞争。

第四点：自己的错误不承认，尽可能地推给合作伙伴。

第五点：从来不做团队培训，或是偶尔做一两次。

第六点：老板说什么就是什么，连提案是不是发邮件都要问老板。

第七点：动不动就切客，诋毁合作伙伴。

第八点：不知道怎么做服务，只知道怎么销售。

对应一下，自己在里面中了几条呢？总结下来，小品牌老板的思维就是觉得没有别人，自己也能干成；和别人加了微信就觉得已经合作过了；做错了或是做不到的时候就怪别人不给力。

简单地说，品牌是大还是小，关键就在于和你合作的成本是高还是低。跟大品牌合作，只要对接到对应部门，事情就能够自动推进下去。而跟小厂合作，不但要考虑对方能不能承接得住，还得防着对方的员工不使绊子。太麻烦了，还不如不做。

打造一个品牌是需要付出心血的，而销售一件产品却很简单。正因为差距太大，所以大部分人还是会选择先卖货。这些都没有问题，先有面包，再去思考牛奶。但是一定要明白差距在哪里，并努力地一点点去完善，这样的个人和企业才会有发展，有前途。

《奇迹课程》中有一句话："如果你想成为某个人，现在就要做那个人做的事。"比如你想成为如任正非一样优秀的企业家，但是连一周5天上班都觉得累，怎么可能成为他呢？虽然一夜吃不成一个胖子，但我们还是可以去学习对方的种种细节，并为之付出努力。

最后，我们来总结一下"销而不销"的获客办法。

获客是一种绝对利他的行为，不仅仅是加微信、发广告、价格便宜、产品好，而是要从商业性、情感表达、可持续性、价值四个维度去设计好的战略。哪怕每次只完善一个点，也要先做整体的规划。要当将军的人，不会打无准备的仗。

不论你想要得到什么，都必须先付出努力。哪怕今天你还没有开始自己的事业，也可以用这个思维开始塑造个人品牌，此刻就可以付出的有尊重、耐心、陪伴、鼓励。做一个会给别人鼓掌的人，是走向高级影响力的第一步。

孤岛文明的退化：塔斯马尼亚岛效应

　　人类学研究中，有一个细思极恐的名词 —— 塔斯马尼亚岛效应 [①]（Tasmanian effect）。它的意思是在没有外部技术输入，且人口过低的情况下，某些地区的技术水平不但会被永远锁死在某一水平，甚至还会发生倒退。

　　至少在 4.2 万年前，塔斯马尼亚岛上就已经有人类的足迹了。那时候，塔斯马尼亚岛还与澳洲大陆相连，两地族群还有联系。但大约在 1 万年前，海平面的快速上升使得巴斯平原变成了巴斯海峡。当时，这两地族群都还没有造出能横渡巴斯海峡的水运工具，茫茫海水，将塔斯马尼亚岛与澳洲大陆的日常联系彻底切断。塔斯马尼亚海岸线和维多利亚海岸线的一些人类考古学遗迹显示，塔斯马尼亚岛上的几千人甚至上万人完全被隔绝，孤独地活在世界上。或许，从某个角度来看，塔斯马尼亚岛就如世外桃源，没什么不好的。岛上丰富的物资，可以保证所有人丰衣足食。

　　当欧洲人第一次登上塔斯马尼亚岛时，他们被当地土著落后的生活惊呆了，当地人过着世界上最原始的生活。当时的塔斯马尼亚人，已经失去了制作最基础的工具的技能，就连简单地将坚硬的石头或兽骨绑在木质把手上制成矛、箭或斧头等工具都不会。

　　在后续 100 多年的考古发掘中，人们揭露出一个更惊人的事实：在

[①] 塔斯马尼亚岛效应又称塔斯马尼亚岛逆向演化。塔斯马尼亚是南半球的一个小岛，它与澳洲隔着 200 公里宽的巴斯海峡。而塔斯马尼亚人，则是地球近代史上最孤独的族群之一，封闭让他们陷入了文明的退化。

过去，其实塔斯马尼亚人的技术水平与澳大利亚土著是一致的，而且他们的技术水平处于较高的起点——他们拥有先进的狩猎与捕鱼技术。但在与世隔绝的 1 万年里，塔斯马尼亚人忘记了他们祖先所掌握的大部分技术和知识。而考古线索也显示，这些工具和技术是一步步被丢弃的。每隔一段时间，塔斯马尼亚人这个小群体中就会有一些技能消失。欧洲殖民者首次见到这个族群时，他们基本上已经不会穿衣服了。

从塔斯马尼亚岛的案例来看，世外可能并不存在桃花源，而是一场文明退化的灾难。没有人知道在塔斯马尼亚岛上具体发生了什么，但文明就是这样一点点丢失了。考古学家里斯·琼斯形容道：这是一个"对思维进行慢性扼杀"的案例。在人类学研究中，这种因环境封闭、人口规模太小而无法传承现有技术与文明的现象，就被称为"塔斯马尼亚岛效应"。

"旁观者清，当局者迷"，在看别人的案例时，我们都能从客观的角度去分析，但不妨把自己带入进去想一想，自己的生活中，是否存在"塔斯马尼亚岛效应"呢？

谁先去了解对方，谁就赢了

年轻的时候，我觉得大人们的唠叨可烦了，比如爸爸跟我说不会读书以后没有未来，我总觉得他在忽悠我。后来创业很多年，我一直很努力却没有什么成果，也不知道错在哪里。直到有一次我跟一个股东分享了自己是怎样和合作导师分成的，股东当时就震惊了，他说："你居然和老师用四六分！三七、二八都不行，你会倒闭的！"

我听后觉得很震撼，问他为什么这么笃定我会失败。他说："和老师的合作很简单，就是一笔讲师费，其余的都是自己的操作空间。老师如果做得多、做得好，可以分红但是不能分成。因为分多少都不对，你把 40% 的纯利润给了老师，剩下了 60%，其中成本要自己承担，如果还要分给渠道 20%~30%，公司只剩不到 20% 的利润。自己的员工都没有钱去激励了，怎么可能发展呢？没有钱去发展，就没有办法运营，课程会一直做得不大不小。久而久之，老师也会对你不满意，你是注定血赔，白忙一场的。"

一语惊醒梦中人！他说的情况，在我身上全部实实在在地发生着。一开始我觉得不需要付讲师费，直接分成是对我有利的。可是不知道为什么，课程越做越小，即使口碑很好，来的学员满意度也极高，但就是没有渠道方愿意合作，只能自己一个个向学员推销，做得辛苦极了。真的如这位朋友所说，由于招生不多，老师对我颇有意见，觉得我不够专注，给的支持不够。弄得我里外不是人，两边不讨好，憋屈极了。

我曾想尽一切办法去补救，比如从心态上去修正、从行为上去补救，以及不断举办各种试听课、尝试各种分享模式，却始终没有想过一开始就错了。因为没有足够的操作空间，所以无法激励团队，也没有渠道愿意合作，课程做不大，老师不满意，翻来倒去后，压力还得自己背。整个过程就是这么简单的逻辑，会算账的人一眼就看破了，我却反复折腾了三年。

我大受打击，回想起爸爸说的，"不会读书以后没有未来"，我更加心灰意冷，觉得自己不是做生意的料。我给爸爸打了一个电话诉说心中的苦闷，爸爸居然破天荒地安慰我，他说之前他也是这样走过来的，第一次管理团队的时候，由于不懂财务，栽了大跟头。后来他痛定思痛，恶补了好几个月的财务知识，从"小白"进阶成高手，成功逆袭。

爸爸的话给了我莫大的鼓励，让我重燃了奋斗的火花。既然不懂就不要装懂，多去请教别人，没必要放弃啊。于是我开始向身边会算账的朋友求助，他们解开了我的困惑。最让我感动的是日清集团的创始人朱总，她知道我不会算账，亲自指点我怎么做数字化管理，甚至把公司的年报、月报、日报毫无保留地给拿我看，让我学习。我学了一次记不住，她就教三次。我也很珍惜这样宝贵的学习机会，每一次我都记好笔记，录好音，回家一遍遍地反复听，研究消化。别人学一遍就会，大不了我学 30 遍，我就不信学不会。

这次经历让我越发体会到这个世界有一个不变的法则，那就是：

谁先去了解对方，谁就赢了。

邓宁-克鲁格效应（Dunning-Kruger effect）是一种认知偏差现象，指的是能力欠缺的人在自己欠缺能力的基础上得出自己认为正确但其实错误的结论，这些能力欠缺者们沉浸在自我营造的虚幻的优势之中，常常高估自己的能力水平，却无法客观评价他人的能力。

这种现象常常会发生在年轻人身上，他们总认为自己是对的，无所不能。这种状态下的自信是盲目的。而真正穿越了绝望之谷，意识到自己的边界，并成功突破的人，他们所散发出来的自信，才是真实的信心。它来自对生活的全面认知。

在生活中，年轻人总觉得和长辈有代沟，其实这不过是他们困囿在自己肤浅的见解里。而岁月给人最好的礼物，就是让我们渐渐地变得相似，当我们开始去承担一个家庭的责任、一个公司的责任，或愿意深入去探究长辈的世界，我们就能理解人与人之间深深的连接无所不在。在工作中，同样如此。"知己知彼，百战不殆"，要成功地做好一件事，需要全方位地去了解各个维度的思想，如果你愿意主动并且深入地去探究别人的世界，就会发现处处蕴含着财富的机会。只要你能够充分洞察客户的需求，就能掌握先机。

抗拒是因为还不够了解

人生很多事都是在付出惨痛代价后，再次回想才会产生本可避免的懊悔。在此之前，可能很多人都对我们说过提醒或者劝诫的话，但都被我们当成"一本正经"的废话。其实同样一句话，不同的经历，不同的心境，听起来的深度也是截然不同的。抗拒，只是因为还不够了解。

有人说成功是痛的领悟，那有没有不痛的成长？我在这里和大家分享的就是一粒粒"种子"，可以让大家以旁观者的视角看到事情的起因和结果。此时，我在你心里播下的这粒"种子"，或许你对此并没有太大的感受，只觉得是正确的"废话"，但是以后一旦遇到了类似的状况，这颗"种子"就能变成参天大树，撑起一方天地。

我有幸在年轻的时候就遇到了先生，在他的带领下，跟很多生意人打过交道。印象最为深刻的是他身边有一位"高手"——地产生意做得非常成功的许总，他常常把自己的经营之道毫无保留地分享给我们，当时我一直在听却一知半解。

他说："做事业最好就是一步一个脚印，不要贪心冒进。在没准备好的时候去承接自己负担不了的项目，觉得有人投资可以省力，以及轻易地去找那些价值观不同的人来合作，等项目真正做起来的时候，这些人就会变成最大的阻力，到时候要付出的代价可是非常大的。"

这番话乍一听来正是"一本正经"的废话，当时我心里的声音在说："那也得做起来以后才会有麻烦啊，在还没有做起来的情况下，还不是得借力吗？"一转眼十几年过去，我一度忘记了这番话。

那时，我的公司发展起起落落，一直在生存线上挣扎，其间也有不少投资人参与，虽然我没有太在意许先生的话，但我在选投资人的时候，还是挑选了价值观比较一致的人，确实一直没有出什么大问题。这样的情况一直持续到我的公司开始有起色了，也就是到了当年许总说的"项目做起来"的那个时机。这时我真的面临了一个困难，有投资人要进来，但是大家的价值观并不相同，而我又非常需要一笔启动资金，我进退两难，不知道该如何抉择。

这时，许先生的话突然在我的脑海里响起："不要贪心冒进，一步一个脚印，价值观不同的人进来会有大麻烦。"他的话让我坚定了起来：新的投资人如果进来，就会破坏我几年来树立的原则问题；新的投资人不进来，虽然公司发展会慢一点，但是依然在我自己的"道"上。我当机立断，放弃新的投资人！做完决定，我的内心反而安定了。

　　我没有被欲望拉着走，去选择价值观不合的投资人，而是放弃了"唾手可得"的财富，选择一步一个脚印去做。这几个步骤看似简单，却是创业路上切实的考验。其实创业这件事没有一帆风顺的，无论你多么聪慧，在过程中都难免会自我怀疑。马化腾在创业初期，曾经想 300 万元卖掉公司，到处找人，还没有人要。马云也曾到处找投资人，穷得叮当响。他们都犹豫过，怀疑过，不知所措过，但最终自己咬牙挺过来，成就了一番事业。现在看来，他们当时没有卖掉公司居然是一种幸运，在那些煎熬的时刻，如果有一个声音告诉他们要坚持，对他们来说，一定是莫大的支持和鼓励。

　　过去我缺乏生活阅历，理解许总的话也只是浮于表面，而当命运走到了同样的位置，才体会到当年的声音是这样的振聋发聩，这就是认知对等了。人性就是这样，对于完全了解的东西是不会抗拒的；任何抗拒都是因为还不够了解。

　　傲慢会让我们故步自封，躲在自己的"舒适圈"里，抗拒进一步学习和思考。人们蜷缩在各自的圈子里，"饭圈"的看不上艺术圈，艺术圈看不上时尚圈，时尚圈看不上文化圈，文化圈看不上商人圈……那些傲慢的心灵，因为抗拒，因为认知不对等，而让自己成为一座座孤岛，切断了与外界的连接。这些"反常态"反而成了现代社会的"常态"。

　　电影《月光宝盒》里，当孙悟空还是至尊宝的时候，觉得师父特别烦。当他遭遇一系列命运变故，自己戴上紧箍圈，变成无所不能的孙悟空后，师父突然说话变得利索了。到底是师父变了还是他的内心变了，我们无从得知，可以肯定的是每个人的成长过程都会经历从抗拒到逐渐接纳的过程。

成长，发生于社交碰撞

　　大数据时代的到来，使得各种新闻信息更加会"察言观色""投其所好"，我们可能根本看不到自己不喜欢的东西，整个世界全部是自己理解和熟悉的范畴。不同的思维碰撞的消失，就是一个个现代的"塔斯马尼亚岛效应"。在如此狭隘的社交中，文明很难向前发展，反而可能会倒退。

信息匹配是科技带来的便捷，却也加速了对人性的考验。去听、去看、去寻找那些自己认可和认可自己的声音，这件事本身没有错，但是它们不应是生活的全部。只接受自己认为"对"的事物，是没长大的孩子，因为想得到父母的接受却没法得到，于是不断向外求认可。而人的成长一定是在与他人的社交碰撞中产生的，没有摩擦和失误，是没有办法带来成长的，这些压力是正向且对我们有益的。

社交是多元的，充满了矛盾和冲突，这才是世界真实的样子。这就是为什么我坚持分享社交的原因，让人们不再因为陌生而感到抗拒，让人们能够接受并认识这个世界的差异，同时学会在差异中求存。举个例子：

小王是一个刚刚毕业的大学生，他在社交中屡屡受挫，他开始质疑自己："我是不是一个不被人喜欢的人？"带着这个问题，他去请教一位社交高手。

这位社交高手朋友很多，但是不知道为什么，好像唯独不太喜欢小王。小王把这位"高人"请出来吃饭，开门见山地问他："为什么你不喜欢我呢？是不是觉得我的人品很差啊？"

"高人"也直言不讳地说，不喜欢他不是他人品不好，而是不喜欢他的"不懂礼貌"。比如这次是他请"高人"出来吃饭，向人家请教问题，他选了地方自己还不买单，而让被请教的人买单，这是什么道理？原来小王觉得"高人"有钱，而自己只是个学生，所以就连问都没问，理所当然地认为"高人"应该请客。再说回之前，每次别人带他出席社交场合，他径直进去就坐在主位上，压根儿不管主人在哪里，三番五次之后，人家就根本不敢带他出来了。

"高手"的点拨让小王醍醐灌顶，一下子看清了自己的社交盲点，此前他是真的没有意识到这些行为会有问题，会给别人带来困扰。直到他在社交碰撞中受挫，别人给了他负面的反馈，有了尴尬、失败的社交经验，他才意识到问题在哪里。

在初入社交场合的人中，"小王"这样的人屡见不鲜，不是他们的人品有问题，而是因为没有人告诉他们这样是行不通的以及为什么行不通。这也是为什么人们没办法在彼此隔绝的环境下成长，因为只有经历跟人的社交碰撞，才会成长。如果交流的都是同类人，那么遇到问题永远都只有互相安慰和认同，即吐槽那个有钱却不买单的"高人"小气，而对自己的行为问题视而不见。长此以往，我们永远只能和相似的人"惺惺相惜"，却永远无法成长。

生活中的种种社交碰撞，其实都是我们成长过程中的催化剂。小摩擦，也有大作用。如果我们不把不同的声音当作批评，而是把它们当作一个个学习的信号，谦虚地去吸收其中对自己有益的东西，那么给意见的人也不会"心累"，听的人也不会"心累"。其实归根到底，许多"逆耳"的话背后都源自对爱的误解，人们需要一个解释，让改变发自内心：原来不是因为我做错了才需要改，而是改变可以让我更接近自己想要的目标。聆听的态度变了，两颗心的距离自然也变近了。而终有一天，这些"逆耳"的声音，会派上大用场。

每个人的生命中，都会遇见属于自己的"贵人"，关键在于当"贵人"出现的时候，我们以什么面貌去面对他们。是后知后觉地茫然无知，还是目中无人地不屑一顾？珍惜那些与我们思想不同的人吧，因为他们帮助我们打开自我的认知，让我们看清自己的社交盲点。切勿故步自封，让孤岛文明的退化发生在自己身上。

邓巴数的启示

　　人类学家罗宾·邓巴让一些居住在大都市的人列出一张与其交往的所有人的名单，结果发现他们名单上的人数大约都在 150 名。罗宾·邓巴的研究表明，大脑认知能力限制了个体社交网络的规模。他根据猿猴的智力与社交网络推断，人类智力允许人类拥有稳定社交网络的人数规模是 148 人，接近 150 人，这就是著名的"邓巴数字"①，也称"150 定律"。

　　"150 定律"指出，人的大脑新皮层大小有限，提供的认知能力只能使一个人维持与大约 150 个人的稳定人际关系，这一数字是人们拥有的与自己有私人关系的朋友数量。也就是说，人们可能拥有 150 名好友，甚至更多社交网站的"好友"，但只维持与现实生活中大约 150 个人的"内部圈子"。而"内部圈子"好友在此理论中指一年至少联系一次的人。

　　社交网络给了我们相互联系的方式，却未必让我们交流；拉近了我们的距离，却未必增加我们的亲密关系；激发了我们社交的天性，却也可能磨平了我们沟通的能力。社交的幸福感来自社交的质量而不是数量，来自沟通的深度而不是频率。不要让技术令你的人际关系变得越来越扁平和肤浅。

　　"150 定律"还告诉我们，每一个人身后，大约有 150 名亲朋好友。

---

① 邓巴数字，即邓巴理论，它被认为是人力资源管理以及 SNS 的基础。该理论认为人类的社交人数上限为 150 人，精确交往、深入跟踪交往的人数为 20 人左右。

如果赢得了一个人的好感，就意味着赢得了 150 个人的好感；反之，如果得罪了一个人，也就意味着可能得罪了 150 个人。

用邓巴数筛选"人脉地基"

前面说过，"塔斯马尼亚岛效应"是日常每天都在发生的，喜欢跟理解自己的人在一起，不愿意去听不同的声音，这都是人性。但邓巴数却再次提醒我们，哪怕你拥有几百万粉丝，真正跟你产生连接的也不超过 150 人。

这个问题细思极恐，意思是我们只有 150 个机会，跟人产生深度的交流。那么请认真回想一下，你的"150 个人"是什么类型的人？都有哪些共同的特质呢？实际上，它是奠定我们成功的基数。

何为命运？命运不仅是你出身的大数据，还有你身边人际关系的总和，如果你懂得为自己的人脉做一个"顶层设计"，在大的目标下不断地设计自己的人际网络，也有机会为自己的"命运"赋能加持。我是在接近 40 岁的时候才开始理解其中的深意。我曾经盲目自信，认为自己无所不能，不需要别人也能把事情干成。在经历一次又一次的绝望深渊后，我开始渐渐清醒，原来自己不过是茫茫人海中的沙砾，要想改变命运，必须虚心地学会借力。

沃伦·巴菲特在致股东公开信中阐明，他的哲学是"严谨地招聘员工就不怎么需要花太多精力去管理他们"。他非常重视选择优秀的人才，否则请进来容易，送出去就要付出巨大的代价。小米 CEO 雷军也是一个极其重视人才的典范。小米公司创立初期，虽然规模小，甚至连产品都还没有，但在最开始的半年，公司 CEO 雷军将 80% 的时间都用在找人上。俗话说：磨刀不误砍柴工。他的努力是值得的，一个非专业做手机的人，让小米 2020 年的出货量居于全球第四。这个奇迹不是雷军一个人能够完成的，而是其聚合了无数顶尖人才共同谱写的。

在我创业的前 12 年，一直不太重视人才，因为我相信只要自己够努力就可以渡过难关。这种"英雄主义"在近几年受到了巨大的冲击，因为无论我怎样努力，都无法得到自己想要的结果。而周围出现的"高人"，轻轻点拨就可以为我省下盲目试错的时间，这个时候，过去的行动力强不再是优点，盲目的努力没有办法带来结果，必须借力使力。我终于感到自己进入了新的层次 —— 整合阶段。

整合不是嘴上说说，嘴上说得再好，看到人才依然做不到恭敬的大有人在。想法已经更新了，但思维还是老的，新瓶装了老酒而已，什么改变也不会发生。所以变革一定是从内到外都服从，服从即领导，不懂得服从的人，也不会被服从。

当我开始"贴地而行"，身边的人脉开始发生变化。过去大部分人都是听我分享，现在慢慢地开始有人担任我的导师，比如教我怎么做线上，细致到怎么做抖音投放、投放哪几类人群，都有人指点。在财务和战略上，也出现了帮手，慢慢帮助使我把过去欠下的功课补齐，这一刻，我终于意识到了过去的愚昧，也明白了不重视人才的后果。现在我们有了成熟的机制和好的策略，需要有人去执行，才发现人才储备的不足。

过去的管理方法只能做好基层员工的约束，完全无法吸引高阶人才，甚至公司内部对于高阶人才的包容度都是不够的，因为生怕他们抢走自己的权力，所以动不动就拿老员工的功劳来和新人做比较，根本就不信任人才。我突然意识到，我们的土壤是有问题的。在创业 12 年后，我才明白为什么公司一直招不到好的人才，其实从顶层设置上，我们就没有准备好迎接成功的到来。

这是一个让人沮丧的发现，却也是真正的新起点，否则我也会和公司高管一样，对人才的到来心口不一，这样的心态是无法留人的。在一系列的矛盾冲突后，我坚定了自己的思想，一定要引进人才，因为我们已经准备好了。只需要调整心态，就可以全速前进。

如果你也想让自己的 150 个人的人脉升级，变得优质并能够给你带来机会，那么就要改变自己的想法，虚心地学习，认真地借鉴。

现在请你翻开通讯录，找出联络最密切的 150 个密友，给他们分别贴上代表不同性格的标签（如图 3）。看看这些人分别对应哪种特质，可以横跨一至三种，然后给自己做一个简单的数据分析。再套用物以类聚的法则，就知道自己在别人眼中是哪一类人了。没错，你朋友圈人数最多的那种人，也代表你在别人眼中的属性。"和什么人在一起决定你的高度"不是一句玩笑话，你的人脉圈是非常珍贵的资源，千万不要小看它。比如我的密友圈，标签都是企业家、大气、友善、乐于分享、热爱学习的人。

姓名	特质								
	☐知识	☐能力	☐事业	☐个性	☐技术	☐佛系	☐玩咖	☐善良	☐踏实
	☐精明	☐马大哈	☐开朗	☐助人	☐小气	☐跋扈	☐八卦	☐无厘头	☐才华
	☐情绪化	☐人气王	☐富有	☐担当	☐坚强	☐努力	☐好学	☐沉默	☐滑头

图 3　性格标签

虽然我也一直在强调人脉破圈，但并不意味着要大家无限地去结识大量的人，人多其实也没有多大的效果。你必须首先认清自己是什么类型的人，再看看这种类型是不是自己要去的方向。如果是一致的，那么恭喜你，不需要改变，继续经营你的社交圈吧！如果不一致，那么就要调整这个比例，看看怎样才能有效地利用好这 150 个"人脉地基"。

接着，再一次翻出通讯录，继续做下一步整理。想清楚以下问题，并列出你的"人脉地基"名单：这 150 个人中，有哪些是和你在价值观上契合的？能支持你成长的又有多少？能够和你事业产生关联的有多少？爱好相近的又有多少？能够为你补充资源的是哪些人？在才能上异常突出的又有几人？如图 4。

类型	好友姓名
价值观	
成长	
事业	
爱好	
资源	
名声	
财富	
才能	

图 4　好友类型

　　成功筛选出来的这些人，就是你的"人脉地基"。无论要启动任何事业，资源都可以从这里产生。其实没有所谓的陌生成交，所有的成交都是以熟悉为基础的，没有信任的生意根本不存在。所以人脉圈不在外面，无论你每天去认识多少新人，归纳筛选下来都只有这些。明白了这些，就要尽量花时间去整理通讯录才是正确的途径，能理出来 30 个就以 30 个为"地基"，能理出 150 个就以 150 个为"地基"。

　　在整理名单的时候，一定要考虑清楚：这些人是单方面地能帮助我们，还是我们相对应地也能够反馈他们？了解他们的需求，然后在中间创造一些关联。必须满足双向需求，"人脉地基"的威力才会真正发挥出来！

利用目标设定高效奠定"人脉地基"

　　人脉关系是需要用心栽培的，虽然这当中来来去去会有流失，但总数不会有太大变化，所以我们要保持高质量的社交圈。如果你可以通过互动和利他，深度培养这 150 个高质量人脉，那么一旦你开始有自己的事业目标，他们也会愿意全力以赴帮你扩展 150 人。此时你就有了认识"150×150 = 22500 人"的机会。这"22500 人"再"×150"，你就有了"3375000"个机会，就算打个对折后再打个对折，也还有"843750"个机会，这样还有什么事是做不起来的呢？是不是不算不知道，一算吓一跳？

但是如何才能更加高效地奠定"人脉地基"呢？目标设定是非常重要的，人一旦有了目标，心里就有了着落，知道自己要什么，要去向何方。

我见过很多原来疲于应付社交的人因为有了目标而发生翻天覆地的改变。之前我有一个学生，来上课的时候总是独自一个人待在角落里，大家聊得热火朝天，他却无动于衷。直到有一天，他需要给自己拉选票，突然变得热情起来，给大家发红包，请大家帮忙，结果收效甚微。他之后跟我分享："过去因为不懂，错过了很多和人连接的机会，以为用钱可以买来关系，却发现钱好像也没有什么用。"

我对他说："不会来不及，只是你之前没有自己的目标，所以不知道为什么要去社交，这是很正常的。很多会员刚加入我们的平台时，都以为只是来吃喝玩乐的，也最多留存一年，之后就没兴趣再深入了。当有一天他们开始做自己的事业，发现平台里有客户可以发掘，就会开始变得积极，跟我们开展合作，成为我们真正的客户。"客户关系一般维系1~3年，而当他们在做事的过程中遇到障碍，来学习我的课程，这样的教学关系却可以持续3~10年。

一个人的目标不是立刻出现的，在目标出现要实现的过程中，过去的人脉有可能不匹配，旧的资源优势可能不明显。但是我们的经验优势是凸显的，只要有一丝关联的机会，我们就要抓住。所以，我们在设定目标时，应该有长远性和全局性思维，以便我们洞察目标之间的联系与走向。

我的2020年目标是在事业上转型，从过去的C端思维，转变为渠道思维。一开年我就在尝试通过社群裂变实现人脉扩张，有意识地去结交可以做渠道的客户。要知道在2020年之前，我的客户全部都是C端客户，要问我渠道在哪里，我真的不知道。但是这件事是可以做进目标计划里的。不到 3 个月，我就已经有渠道的种子了，接着我希望能出现一个运营高手来帮助我管理渠道，等了快 10 个月这个人选终于出现了。年初的渠道计划顺利地得以实施，连新的业务线也初具规模，接下去只要完善和巩固，这个转型就完成了。

在此，我分享给大家一个加速找到目标的方法：

首先是短期目标，以 3 个月为期限：比如看完 4 本书、每天早上跑步半小时这类具体的事；

其次是中期目标，以 1 年为期限：比如赚 100 万元；

最后是长期目标，以 3 年为期限：比如团队 100 人，做 1000 万元业绩。

先尽可能地写，写的时候会感觉到很乱，有太多想法，先不管它们。写完后再按照生命轮的八个维度，对自己的目标分类梳理，进行向内的探索：健康、家庭、财富、友情、事业、爱好、爱情、自我实现（如图 5）。

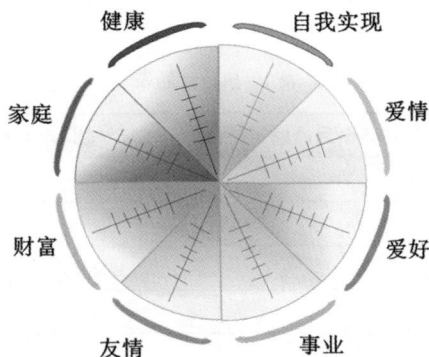

图 5　生命轮回的八个维度

对我而言，生命轮带给我最大的启发就是之前我一直认为人生充满了不确定性，是悲观的，直到我自己去填写生命轮的时候，才知道人生是有机会通过设立目标变得立体而圆满的。数字的高低变化并不会让人惧怕，只要记住不要在同一个维度上不断加码，导致失去其他维度。

在对世界抱有悲观想法的时候，人是很难有理想、有目标的。如果没有目标，我们无论做什么都会觉得是被迫的，是为别人而做的，一生都在马斯洛需求层次的第一阶段，茫茫然不知所措。马斯洛有一个经典的观点，即一个人如果感到饥饿，是全身每个细胞都感到饥饿，而不是只有胃在饥饿。其实，这就是"一体"的观念。前进的道路上出现了障碍，往往不是只有一个点被卡住，如果要解开它，必须有全局观。放眼全局，你会发现原来自己的成长空间是很大的，还有很多事我们没有去了解和涉足。有了全局观，目标设定和计划也会完善很多。

有了目标，才会进入主动探索的阶段，才有动力去夯实我们的"人脉地基"，借助社交的力量来帮助自己实现理想。想想看每个待填满的格子需要哪些社交场景，又要借助哪些人和事来加速完成？就这样开始吧，给自己设计一个有效的执行计划表（表1），通过每个线索去连接自己的目标，社交的好处自然会真正地大放异彩，助力我们书写自己的人生传奇。

表1 执行计划表

生命轮指数	3个月计划	1年计划	3年计划
健康			
家庭			
财富			
友情			
事业			
爱好			
爱情			
自我实现			

被看见的需要

利他是一门大学问，盲目去做一定会受伤，别奢求理解，只有遵守规则，建立系统，才能更好地保护自己。

我非常喜欢一句话：人生最大的恐惧之一是被遗忘。它来自电影《寻梦环游记》，这部电影讲述了一个出生在鞋匠世家却热爱音乐的小男孩，在墨西哥传统节日"亡灵节"的那一天穿越到了另一个世界，见到了自己已经离世的家人，为了追寻自己的音乐梦想，他制造出一系列荒诞而有趣的事件。两个同样热爱音乐的人，横跨百年的岁月长河，在亡灵世界相遇，他们借由音乐的力量，最终得到了家人的支持和理解。

电影里说人其实有三次死亡：第一次是断气的那一刻，从生物学角度来说的死亡；第二次是举行葬礼的时候，这一刻社会身份将会从这个世界上抹除；第三次是这个世界上最后一个记得你的人死亡，这一刻将是真正的死亡，从此不会有人知道你来过这个世界。

"社恐"的人，玩手机的一半时间在社交？

其实每个人都有被看见的需要，如果死亡还离我们太远，让人难以想象，那么想想看，生活中有没有出现过类似以下矛盾的心态：

在公司很害怕跟同事寒暄打招呼，但同事聊得热火朝天的时候，又希望能插上话；

朋友聚会邀请你，你不一定赴约，但要是没收到邀请就又觉得被孤立了；

在感情上遇到喜欢的人不敢搭讪，但又会悄悄地在对方的朋友圈点赞，期待对方能关注自己……

《2020全球数字报告》也验证了人们渴望被看见的事实。该报告显示，有38亿人正在使用社交媒体，人们每天花在手机上的时间约3.7个小时，其中又有一半时间是花在社交和通信应用上。所以说，那些"社恐"的人，很有可能玩手机的一半时间都在社交。而各大社交网络的数据也显示：超半数用户希望别人看到自己在内容社交上的"痕迹"。

为什么人人说着"社恐"，却又在不停地试图通过各种方式去社交呢？

因为人的大脑天生就爱社交。亚里士多德说过："从本质上讲，人是一种社会动物；那些生来离群索居的个体，要么不值得我们关注，要么不是人类。"这句话看起来说得很绝对，但却很现实。人类从婴儿开始就迫切需要保持各种各样的社会连接，尤其是和母亲的亲密关系。婴儿时期我们就会用哭来引起周围人的注意，让别人来关心自己，以得到奶水。而且，终其一生，我们都在寻觅以及维系各种亲密关系。

"社恐"，到底在恐惧什么？

既然社交是我们的天性，每个人内心深处都有被看见的需要，为什么还有那么多当代青年会放弃社交呢？

一项调查显示，青年们放弃社交的两大原因：一是社交环境混乱，二是社交恐惧症。在浮躁的大环境里，充斥着"霸道总裁""腹黑老板""绿茶男女""炫富名媛"等"人设塑造"和"人设翻车"案例，让人根本分不清社交的水有多深。因为不了解，所以恐惧，宁愿宅着，也不愿主动出去社交。

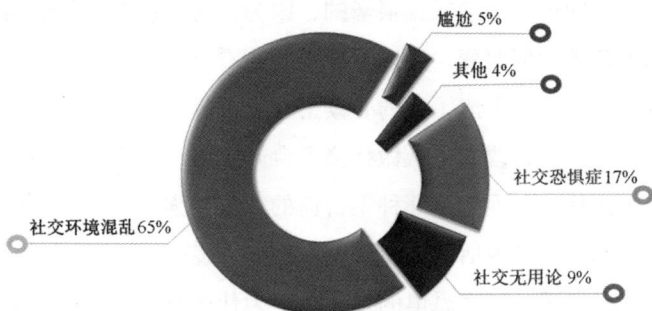

图 6　青年们放弃社交的因素

资料来源：http://k.sina.com.cn/article_6611531121_18a13f57100100bfit.html.

　　与此同时，对于线上社交的过度依赖也弱化了人们在现实生活中的社交能力。《2020 独居青年生活洞察报告》显示，64.83% 的被调研用户选择通过社交软件来结交新朋友。热衷线上社交的背后，是社交焦虑。人们企图用"线上交流"这一间接方式来满足自己的社交需求，不用担心自己的动作、表情，也不用关注对方的眼神和肢体动作。一旦到了线下，所有的一切都无法隐藏了，细微的表情，紧张的语气，不合时宜的回答，通通会被对方观察到，以至于让人产生想要抗拒，甚至逃避的想法。

　　一种现象的形成需要找寻出现的根源，其实内向不过是一种逃避社交的借口。一个人恐惧甚至逃避社交，本质上是在逃避与人交往时那些糟糕的感觉，而很多时候，这些感觉大部分是自己施加给自己的，自己代入的。

　　我小时候因为舌系带太短，说话大舌头，所以天然地对交流不自信，也不喜欢和别人说话，怕别人笑话自己。第一份工作中，我就非常害怕和领导交流，表达自己的想法。当时公司有个机会可以去台湾演出，我很想去，因为我男朋友就在台湾。但是整个选拔过程，我一句话也没有说，只是暗暗期待，结果可想而知。那时候我非常失落，抱怨老板没有重视自己，不能慧眼识珠。可在内心深处，我清楚地明白，是我自己的原因导致落选，无关他人。

这个改变的过程是漫长且艰辛的，因为没有引路人，我不知道跟谁学习，也不知道如何改变，所以只能不断地看书，学习别人是怎么说话的。当时作家刘墉的书成了我的必读书目，可是不论怎么看，还是缺少实践经验。我真正的改变是从做社交平台开始的，每次做活动都要硬着头皮自己做主持，久而久之那种不自信的感觉被强烈的责任感代替，于是我开始习惯拿话筒说话，也渐渐地喜欢上了表达。

你的社交恐惧，到底恐惧的是什么？为什么有的人可以轻易地处理关系中那些尴尬、冲突、敌意，而"我"却只能逃避？"我"要怎样才能轻松自在地跟别人相处？其实，不用想得太多，不必做得完美，社交中很多压力、不适、糟糕的感觉都是自己施加给自己的，"社恐"的对象不在外界，而在自己心里。

找到那个让你奋不顾身的动力，就可以战胜内心的恐惧。

社交，不就是市场调查？

我们用各种方式在这个世界留下自己的足迹，虽然看上去形式千奇百怪，但骨子里都是渴望被看见、被记住。既然这个世界上的每个人都在等待被看见和理解，那么先去看见和理解别人的那个人，自然会有很多机会。

当我们用理性的眼光去看这个世界时，你就会发现每个人的存在都有他的道理。工程师有工程师的世界，金融圈有金融圈的规律，即使"粉丝饭圈"，也有很多规则和玩法。不深入去体会，是无法了解的。而一旦你深入地去了解这些人和事，就会看清其中的规律和你此刻在进行的事情并无不同。无论事情的形态如何改变，"规律"都是类似的。这就是"和而不同"。

所以如果你抗拒和人交流，不妨用这个办法，把社交的过程当作市场调查，用从理性的眼光去观察，这些人到底在干什么。然后做出一个梦幻般的作品，让大家记住你。我把这个过程拆成四步，分别是：

1. 找出自己的 150 个邓巴数人群；

2. 了解人们需要什么；

3. 拥有自己的作品；

4. 打磨作品，实现目标。

找出自己的人群属性，再对他们进行市场调查，知道市场的需求后，看看自己能做什么，然后不断地在和人的碰撞中，打磨自己的作品或者产品、服务，直到实现自己的目标。把每个步骤连接起来，就会得到一个完整的答案，知道前进的方向是什么。这就是把邓巴数落地应用到社交中并产生效果的全过程。

在这个过程中，我们有必要再来深入理解一下邓巴数的应用。

要有落地效果的发生，必然伴随着社群规模的变大。从古至今，社群规模的扩大，为个体带来了两个主要的增益：一是安全（抵御天敌、防范他人）；二是一定程度上的食物保障。这两种优势使得"更加社会化的基因"在演化过程中得以保留。同时这也意味着邓巴数的出现将是生物学上的必然——社群规模的扩大存在边际递减效应，过于发达的大脑将会消耗太多的能量。就像一个由 15000 个尼安德特人组成的部落或许可以击败一个由 1500 个尼安德特人组成的部落，却未必能够获得足够多的能量让自己（整个部落）持续运转下去。

微信有 5000 位好友上限，但是除工作需求外，常联系的人最多不超过 150 位。这和尼安德特人的例子没有区别。如果不进行筛选，即使在人数上战胜身边 80% 的好友，认识了 5000 个好友，依旧有可能无法让自己生存下去。对应现代社会的各个社群，个体的主要增益依旧是安全（获得认可，被看见）和保障（获得更多机遇以达成生存的目的）。从这个层面来看，我们或许能更容易地理解社交，也就是说，无论社交行为在形式上有多么花哨，而我们从中要获取的无非是安全和保障。如果不能达到这个目的，那么社交就是无效的。哪怕是网络社交也同样，网络上充满了千奇百怪的思维和出位方式，其中有多少能够有效地支撑个体的商业运作呢？

所以我们能看到这样的例子，除了头部的大网红，大部分粉丝百万的网红，甚至不如一个朋友圈只有150人的微商活得滋润。国内外的网红大多数有焦虑的情绪，很多人为了维持人气，不得不加大直播的筹码，甚至出现直播极端不理智行为。我有一个朋友就是如此，当她的小红书粉丝增加到30万的时候，面临了一个门槛，即涨粉速度慢了起来，要怎么突破瓶颈继续向上呢？她找到的流量密码就是"哭"，每一次被网友攻击后，她就哭着录一个视频，描述自己的不容易。此举让她遭受了更多的骂声，却也得到了更多粉丝，并且数据一路上涨。在这个过程中她是不是真的那么伤心已经不重要了，粉丝需要什么她就可以表演成什么样子，名气是增加了，但是离自我反而更远了。

其实，无论此刻你是否害怕社交，喜不喜欢社交，邓巴数理论告诉我们，不必修炼成"人见人爱，花见花开"的社交达人，因为社交是有人数上限的，即使成功的社交达人，依然有他的"涉猎"范畴。我们要做的，就是以邓巴数为参考，集中分析自己的人脉特质和优缺点，有选择性地社交或是改变社群属性，这样才能让零散的社交组织变得规范起来。

社交的关键，从来不是有多少钱，有多强的背景，而是你有没有做好"市场调查"，让自己在社交的过程中迭代出自己的作品，并让150个人的作用成倍地发挥出来。人脉不在多而在精，每一个人脉都是你的资源位，但它们并不是无限的。这些人可以衍生出让你"破圈"的机会，也可以让你默默无闻一辈子。你可以选择在150个人中深度发掘有效人脉，通过他们连接1500个有效的人脉"部落"，满足自己安全和生存的需要，甚至超越1500人，组成超级"部落"，成就人生的自我实现。

社交，不就是市场调查吗？这样去想，一切，皆有可能。

富人的谎言

听说过"奶头乐"效应吗？

1995 年，美国旧金山举行过一个集合全球 500 多名经济政治界精英的会议，旨在为全球化的世界进行分析与规划。会上，美国国家安全顾问、著名战略家布热津斯基创造了一个新词语——"奶头乐"（tittytainment）[①]，英文"titty"（奶头）与"entertainment"（娱乐）的组合。

这些精英认为，社会动荡的主要因素之一是阶级之间的利益冲突。那要如何避免少数得益者与大多数底层民众之间的冲突呢？方法之一就是给其"奶头"，转移其注意力和纾解其不满情绪，让他们更能接受自己的境遇。有哪些行业属于"奶头乐"的范畴呢？一是发泄性产业。如开放色情、暴力产业，鼓励低质量的网络游戏，进行无休止的口水战……让大众将多余的精力发泄出来。二是满足性产业。如报道连篇累牍的无聊琐事——娱乐圈新闻，发展廉价品牌，大力开发偶像剧、真人秀等视听娱乐产业……让大众沉溺于享乐和安逸中，从而丧失上进心和深度思考能力。

这么多年过去了，"奶头乐"战略成功了吗？目前来看，挺成功的。20 世纪原创媒介理论家、思想家马歇尔·麦克卢汉说过一句话："我们创造了工具，工具反过来塑造我们。"我们的大脑已经被周围的环境塑造成了一个"高刺激阈值"的对象，习惯了轻而易举获得大量愉悦感，

[①] 关于"奶头乐"，维基给出的定义是：A form of lowest common denominator entertainment designed to appeal to the masses and refrain people from thinking（一种被设计用来吸引大众避免思考的低级趣味的形式）。

从而就会慢慢对低强度的愉悦感脱敏。久而久之，这种强度的愉悦感已经满足不了我们，就需要更高强度、更持续、更深入的刺激。相对而言，愉悦感更少、付出更多的行为，比如学习、阅读、思考，自然也就没有人愿意去做。

所以，你陷入"奶头乐"效应了吗？其实，在某种程度上说，年轻人害怕社交、厌倦社交，正是"奶头乐"效应的体现——回避社交思考，试图通过社交来获取轻而易举的愉悦感而不得，由此进入了一个恶性循环。年轻人信奉漫无目的的自由才是生命的真谛，拒绝去面对与人交流的不舒适感，更不必说要梳理社交目标，这就像让中年人去健身一样难。他们认为设计目标并不断地为之奋斗不是一个很酷的做法，因为他们不愿意浪费生命在铺垫未来上。

现在，如果我们想要摆脱这个精英设计的谎言，或许可以先来看看谎言的设计者是如何做的。当他们在谈论社交的时候，他们到底在谈论什么？

社交的"趣味"：信息的交互

为什么高端社交场合都是有钱人？其实并不是他们能买单就高人一等，事实上，在买单这件事上，永远是人上有人，是比不完的。正是因为"钱"不如人，才更要进行社交。有钱人喜欢社交的原因是他们可以不断地通过彼此来交流成长。而鄙视社交的人，只看到那些外在的东西，比如豪华的会所和奢华的大餐，并因此被自卑心理劝退，而忽视了其中最有价值的信息交互。

我做了很多年的社交平台，在上海有很多人都说认识我，但是我都不记得他们了。曾经他们和我一样进入了社交场合，但是很快就选择了退出，因为他们觉得自己的实力不如别人。我也注意到了这一点，就拿买单来说，我的极限是买 4 位数的珠宝，有人可以买 8 位数，但我绝不会因此自卑而离开社交场合，我清楚地知道我的社交价值并不在于"买单"，而在于通过组织和服务，让更多人连接在一起。这就是我社交的本质，它是利他的。因此，我有足够的自信出入于各种社交场合。

我虽然没有大佬们有实力和经验，但是我能组织大佬们聚在一起，这就是我的价值啊！不要热衷于去和别人比，要低头努力把服务做好。服务于优秀的人，并不是一件丢脸的事情，况且还可以学习到很多不一样的思想。古有张良为黄石公捡鞋子，今天的我们为了实现自己的目标和理想，又有什么拉不下脸的呢？

消费的"快乐"：人脉连接

如果你对于上面提到的社交场合暂时觉得陌生，那我们再来谈谈"买买买"的快乐吧！我给你分享一个自己的案例，我的事业起步是从和奢侈品牌交换客人开始的。我的平台上也聚集了很多有钱人，其中一个会员出席了几乎所有我发出邀请的活动，并且在每一次活动中她都会购物。我一直觉得是自己赚到了，找到这么好的客户。直到有一天，我受邀去她主办的活动上，看到她把之前所有应邀出席活动的照片都放在大屏幕上作为自己的宣传，当天她的成交额7个多亿。活动结束后，这个会员拉着我说："感谢你提供这么多好机会给我。"

那一刻我突然发现了富人背后的消费逻辑：客户花钱是出于更高的商业目的，不仅仅是为了消费。从那时候开始，我也改变了自己的思路，让自己的钱也在自己的平台内部滚动。反正都要吃饭的，不如在自己的会员开的餐厅里消费；反正要买衣服，不如在自己的会员那里买……这样坚持了几年，我的人脉果然累积得越来越多。

现实生活中的案例还有很多，比如说奢侈品专柜或者飞机头等舱的消费，本质上都是提供了一个个高质量的社交场合 —— 在一个好的环境里，和一群价值观相近的人一起消费和交流，本身视野和维度就不一样。红极一时的法国双栖女星 Jane Birkin 曾在飞机上偶遇爱马仕总裁 Jean-Louis Dumas，当时刚做母亲的 Jane Birkin 不禁向 Jean-Louis Dumas

抱怨 Kelly 包的袋身太窄，而且很硬，不方便携带婴儿用品。这个无心的抱怨却因此激发了 Jean-Louis Dumas 的灵感，他专门为 Jane 设计了一款内部空间超大的松软手提包，包内有多个内袋，甚至有专门放奶瓶的内袋。这就是以"Birkin"命名的爱马仕铂金包，一经推出，大受欢迎。

内心富足的人最怕的是被人遗忘，所以拼命地留下自己的社交痕迹；而内心贫瘠的人，最怕的是吃亏上当，防火防盗防熟人，却对陌生人百般巴结。其实那些陌生人哪里会轻易信任你并伸出橄榄枝呢？信任陌生人肯定是要付出代价的。如果你能给出对方需要的东西，倒是可以一试。但是如果没有，不如从身边的人脉开始，在熟人那里消费，不一定会便宜多少，但一定可以使你被记住，被感恩。

省下乱买东西的钱去换一次真正有价值的消费，货品是其次，但获得的机遇是无价的。没有人情味的消费，就仅仅是消费，没有更多的价值和更高级的快乐。但实际上，我们每一次消费都是一个人脉连接点，把握住这些连接点，不需要花多少时间你就会积累出自己的原始人脉网络。

坠落层次

　　人们有被看见的需要。心理学家马斯洛把人的需求分成五个层次：生理需求（physiological needs）、安全需求（safety needs）、爱和归属感（love and belonging）、尊重（esteem）和自我实现（self-actualization）。这五个需求层次由较低层次到较高层次依次排列（如图 7）。

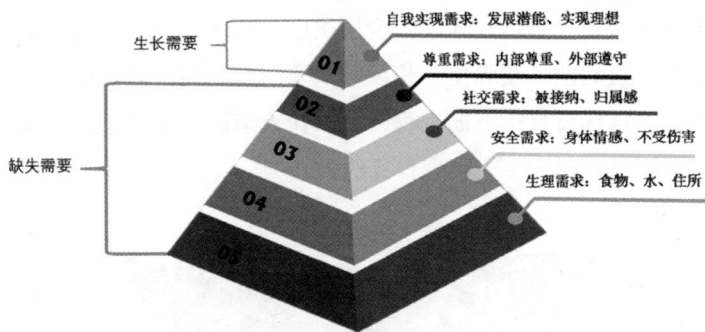

- 缺失需要使人类得以生存
- 生长需要使人类更好地生活

图 7　马斯洛需求层次理论

　　心理学一度以弗洛伊德为代表，致力于研究潜意识、无意识以及人性的黑暗面，但是马斯洛相信向上、向善才是生命的本质。马斯洛在《第三思潮》中提过一个核心观点：想研究人类究竟可以跑多快，应该去研究那些跑得快的人。他进一步发现，那些优秀的人，都有一个共同的特质——他们有自我完善和自我超越的能力。并且这种能力不是与生俱来的，而是可以后天培养的。

我非常喜欢这个观点，相较于那些生活中的天才，大部分人都和我一样，是"开窍"很晚的普通人，要吃很多亏才能真正明白自己需要什么。如果这种自我完善和自我超越的能力可以被培养，就代表更多人可以加速自己"优秀"的进程。因此，根据马斯洛需求层次，我演化出了一个很有意思的倒三角——坠落层次，进一步研究如何做才能上升到更高的层次。

坠落层次是一个根据需求层次逻辑做出的倒三角模型（如图8），它包括五个部分：最顶层是爱，第二层是信仰理想，第三层是社会地位，第四层是物质欲望，最底层是放纵坠落。和需求层次相同的是，它们都存在递进关系；不同的是，坠落层次侧重说明各个层级之间的利害关系。一个人不会永远存在于一个层次中，当爱和理想受阻的时候，就会向下退，直到坠入放纵里。相反，只要超越阻碍，就能够回到高层级的状态里。这样反复上下的过程，可以让人渐渐适应处于高层级状态的感觉，从而真正成为一个实现自我的人。

爱

信仰理想

社会地位

物质欲望

放纵坠落

图 8　坠落层次模型

第一层：爱

把爱放在第一层，正好对应马斯洛的自我实现这个层次，因为一个有爱的人必然会走到自我实现。

处于"爱"这个层次的人是什么样的呢？戴安娜王妃的一生虽然短暂，只有 36 年，却给世人留下了难以磨灭的印象——她不仅容颜姣好，仪态大方，举止端庄，气质高贵……最重要的是她还有一颗善良的心。她与查尔斯离婚后搬出了皇宫，成为真正的平民"公主"。即便这样，戴安娜仍然坚持她的慈善事业，对孤儿、艾滋病患者等弱势群体都给予无微不至的关怀和帮助。戴安娜将婚姻中的痛苦转化成对慈善事业的热爱，让更多的人受益。她向世人证明了，只要有爱，就算在最艰难、最困苦的时刻，人生仍然是有价值的。

有爱的人也不需要任何形式上的价值赋予，他们也许干着最脏的活，住在很破的地方，吃最朴素的餐食，也或许住着最豪华的房子，吃着最贵的山珍海味。这一切对于有爱的人来说都是不冲突的，因为他们不在乎外人眼中的贫富，而专注于自己付出的爱。同样地，达到爱这个层次的人，他们付出的爱也足以超越他们自身的外在条件，从而获得人们的认可与回馈的爱。人如果活在这样的层次中，连礼仪和着装规范都是多余的。他们自然会形成自己的"场"，激发出人们内心的"善"，让一切在这样的意识中井然有序地进行。

与之相反的是，如果一个人在社交场合会为自己的贫穷而感到羞耻，那么这并不代表"穷"是羞耻的，而是说明他并没有生活在爱里。我常常和身边的朋友说，正是因为"穷"才更要社交，通过结识优秀的人，向他们请教或者是提供价值给他们，只有这样才能快速地找到走出困境的办法。一切痛苦的本质不是因为缺钱，而是因为缺爱。爱是通过给予得到的。记住这个原则，它将是你人生的灯塔，有了它，社交生活便不会在纸醉金迷中迷失航向，当自己陷入深深的羞耻感或者是盲目的攀比中时，也能及时地恢复清醒。既不因狂妄自大而丢失本心，也不因妄自菲薄而丢失本心。而这个本心，就是内心的爱。

有人说，这个境界太高了，他是达不到的。不要担心，每个人都有感受到爱的瞬间，区别是能在爱中待多久？而这取决于你的内心是否真的相信它的存在。相信自己，这个权利是掌握在自己手中的，也就是说，只要你准备好了，随时可以进入爱的状态。比如我每次给学员上完课都会觉得很满足，明明没有吃饭，却完全没有饥饿感，因为内心充满了奉爱的快乐。一段时间不付出后，烦恼就跑出来了。一开始我还不相信，依然没有主动去付出，结果真的越来越不快乐。想要的更多了，得到的却更少了，所以之后我一直没有停止过上课，哪怕没有当作一项工作来做，业余时间也都会输出自己的感悟。当我这样主动去分享，对别人付出的时候，自己的烦恼也好像一起消失了。这正印证了一句话：施与受同样有福。

在付出的过程中，前期我也遭受过质疑。比如我在网络上分享视频的时候，常常有人笑话我普通话不标准，说连普通话都说不好还上什么课啊。但这并没有打击到我，因为问题的关键并不在于我的口齿，这只是表象，我不需要把自己训练成播音腔。问题的关键是我的内容还不够打动人，因此要继续好好做内容，做出有价值的作品，直到击穿阈值[①]，让贡献度到达更高的维度。如果我一被否认就去练口齿，那真是为别人而活了，我真正该做的就是继续把自己专业的东西做到极致。很多时候我们会被别人影响，一直去做无谓的修改，最后连自己是谁都忘了。其实一开始方向就错了，这些外在的质疑声只是在提醒我们要更专注于人生最重要的事情上。

---

① 阈值又叫临界值，是指一个效应能够产生的最低值或最高值。阈值法则指的是只有超越阈值，打破原有均衡引起的改变才会有质的突破。通常击穿阈值需要极大的能量，而我们的精力有限，只有找到一个点，把所有的力量都用上去，也就是我们常说的聚焦，全力做好人生中最重要的事情。当你击穿阈值，你的眼前会有一个全新的世界。

我有个朋友就是这样，总是非常在意身边的人是否看不起自己，但是又从不肯定他人，所以很多人都不喜欢这样的他。而他却固执地认为，一定是自己的身份不够才会导致这种状况，因为他以前一直是做二把手的。终于有一天他成为总裁，他让员工都称呼自己为老板，出席活动也要在显眼的位置。谁知道别人都在背后议论纷纷，这个人不是老板吗？为什么处处抢客人的风头？他不知道，别人根本不在意他的身份是什么，而是反感他的盛气凌人，他却还活在自己的认知中，以为是自己地位不够，真的是南辕北辙。人们就是这样活在自己的认知中受苦，却不自知。

爱这个层次是不需要门槛就可以到达的境界，也是人们最容易忽略的境界。人在困难的时候往往想的是接受帮助，但事实上即使在你一无所有的时候，依然有东西可以付出，那就是爱。这是最伟大、最富有的能量。但是人能够在爱这个层次里待多久呢？这才是我们最需要解决的问题。不是好东西来得越多越好，越快越好，而是要逐渐适应，直到完全能够待在这个美好里面。这就是配得感的养成过程，也是我写坠落层次论的本意，它就像一根定海神针，让人们可以很清楚地看到什么才是最重要的，从而做出对自己最有利的选择。

第二层：信仰理想

如果你觉得没有办法时刻生活在爱里，那尽量让自己追求第二个层次——信仰和理想。活在这个层次的人，有着非常高的思想境界，他们不会被外物过多地干扰，而是执着于追求自己的理想，这种对理想的追求，甚至可以超越对生死的恐惧。

阿基米德曾说过："给我一个支点，我就能撬起整个地球。"他就是一位为了追求理想而无惧生死的人。公元前 212 年，古罗马军队闯入阿基米德住宅的时候，他正在地上埋头研究几何图形。他知道自己难逃一死，关键时刻并没有为自己求情，而是对士兵说："你们可不可以等一等再杀我，我不能给世人留下不完整的公式！"结果士兵真的等他算完了才杀死他。为什么阿基米德在死亡面前毫不畏惧呢？难道他的生命还没有一个公式重要？这并不是他不爱惜自己的生命，而是当一个人沉浸在自己的理想世界中，他能够完全忘我，和理想合一。这种为理想的献身超越了生死，成为不朽。从这个层面来看，理想就是一种信仰，有了它，所有内心的茫然都有了寄托，一切力量会汇聚到那里。

长期活在这个层次里的人，是无私且忘我的。就像在抗击新冠疫情中，出现了很多为理想奋斗的勇士，比如钟南山院士，人们记住他，是因为他对人类的奉献精神，为了理想不顾个人安危，忘我地付出。有人说为人类献身的理想看起来太遥远了，平凡的我们要怎么坚持理想呢？其实可以换一个角度来看理想，把一个很大的理想拆分一下，比如先让它和长期目标画等号，完成了长期目标，下一步再去努力实现理想。目标是理想的基石，没有目标，理想难以实现。这也是为什么很多人一听到"理想"就觉得不切实际，因为大中小目标都没有完成，理想就是空的。如果说目标带来更多的动力，那么理想带来更多的考验，所以先体验到实现目标所带来的喜悦，才会更坚定地去实现更为远大的理想。

信仰理想的层次和爱的层次一样。其实每个人都有过与理想同在的时候，区别同样在于是否相信自己，以及可以保持多久。那么如何才能做到这两点呢？

首先，理想的实现一定是一个漫长的过程，每个人都会经历卡壳的状态，这并不是可怕的事情。比如我的理想是带领人们找到真实的自我价值，而要实现这个理想，我得先找到自己的真实价值。在这个漫长的过程中，常常会遇到阻碍，比如会遇到合作关系破裂和沟通不畅等烦恼，这时我就特别想放纵一下，吃东西或是购物。如果这时财务状况恰好也有问题，就不能靠花钱来满足自己，于是就会更堕落，比如看一天电视，其他什么事情都不做。我有一个同事也这样，每次写方案遇到瓶颈时，就会特别想吃东西，而且是油炸食品。许多人都有过类似的体验，论文写不完的时候，报告交不出的时候，特别想吃"垃圾食品"，这些行为都是人在受挫时会进入的放纵状态。但这只是一个短暂的状态，等到新的灵感出现时，这种状态自然就会消失。所以我们不能沉浸于放纵里，差不多就得了，继续向目标冲刺吧。反反复复这个循环，"坠落"的时候会越来越少，沉浸在"理想"的时间会越来越多。

其次，人想要长期待在理想层次里，还必须具备一个前提条件，就是要自我肯定。每个人都有心怀理想的高光时刻，只是在执行的过程中被某些外在的声音否定了。要知道那些怀疑的声音更加具有诱惑性，有些人你夸奖他一百次都不为所动，但是一句质疑就能让他马上暴跳如雷。正是由于一些人天生就对负面的东西更敏感，那些能够战胜自己的人，就已经领先很多了。别小看这一点点不同，其实大有学问。因为这些怀疑的声音，会让你一次次否定自己和身边的人，最后把自己困在失败的陷阱里。有的人在过程中突围了，选择了自我肯定，不再外求；有的人退而求其次，选择了相信自己是不值得的。人生要么一点点向上，要么一点点坠落，直到大部分时间都待在自认为和自己能力匹配的层级，一个人的常态就定型了。

其实在实现理想的过程里，刚开始一定是困难重重的，这也是最考验人的时候。这时，我们要学会用很多次小小的奖励去肯定自己，每成就一点都是一个莫大的鼓励，当这个成就的比例大过一切负面的声音，人就能够长期待在理想的层次里了。

如果一个人没有办法让自己充满爱，那么理想也是能让人不朽的。当一个人勇敢地追求理想，什么困难都不会惧怕，会相信一切皆有可能。如果放弃了自己的理想，或者还没有找到理想，就会再往下坠落一层去追求社会地位。

第三层：社会地位

我们已经了解了坠落层次的上面两层，分别是爱和信仰理想。要一直留在这两种状态中，需要经历在挫折和希望中的反复磨砺。在彻底适应爱和理想层次之前，很多人会选择追求第三层——社会地位。这个层次其实是五个层次中的分水岭，虽然很多人认为自己活在爱和理想中，但其实他们大部分时候是待在追求社会地位这个层次。这也是非常核心的一个层次，当人们已经获得了一些财富，或是社会地位的成就，就会自动进入这个层次。

我在创建线下社交平台前，曾经做过一轮市场调查，调研身边那些站在财富顶端的人到底想要什么，以及我能为他们做些什么。调查后发现，其实积累了一定财富的人，平常的一些活动，比如奢侈品活动或是晚宴已经没办法吸引他们了，但是有两类活动他们还是感兴趣的，一类是公益慈善活动，另一类就是艺术展。当钱不成为问题，精神的追求就变得非常重要，所以处在这个阶段的人都会渴望向上走，因为他们要得到更多人的认可，才能获得精神上的富足。

很多人觉得，那些比自己成功的人是没什么烦恼的，所以只能跟他们索取而无法给予。一定要注意，每个人都有自己追求的目标，高有高的追求，低有低的追求。那些拥有足够财富的人，自然想要得到社会的认同，而你就是社会的一分子，也就是说，每个人都可以满足他人被认可的需要。比如说我们的平台，规模虽然比不上很多参加我们活动的人，但是我们能让他们在奉献爱心的同时站上舞台，获得社会认同，这是我们的活动真正吸引人的点，也是利他的地方。

我认识的一些社交新手会想当然地认为别人应该帮助他们，却没想过自己能够提供给别人什么。记得只有过一面之缘的一个女孩，一年后辗转通过我的一个朋友加了我的微信，说有重要的事情要找我。当我问她有什么事情可以帮忙的，她却跟我说没有什么。这就很奇怪了，没事找我干吗呢？只是为了聊天吗？果然她跟我说，希望跟我打个电话聊聊，我又问她想聊点什么，她说也没什么，就是随便聊聊。我直接回绝了她，我告诉她："首先，我们只有一面之缘，甚至当时连话都没有说过。一年后还和你加微信是出于对介绍人的尊重，但你这样的说话方式让我感觉非常不受尊重。下次如果你有事想找别人，请你直说，不要拐弯抹角，浪费别人的时间。"

这个社会的规则是如此简单，顺则通，不顺则痛。占用别人时间之前要想清楚，你能给别人提供什么价值。尤其是当我们面对那些实力高于自己的人，更不能自作聪明、故作神秘地想钓别人上钩。如果要正当地建立合作关系，就必须顺着"道"走，不能想当然地以为小聪明可以钓到大鱼。如果我要去跟一个商业高手谈合作一定会提前做好功课，比如要跟对方介绍公司，我会在事前练习能不能在三分钟内把重点讲清楚，如果超过三分钟我还在讲故事，对方要么会打断我，要么就是敷衍我，而我就浪费了一次和高手交流的机会。有一次，我去做一个公益慈善项目就是这样做的。我知道项目负责人非常忙，只有午饭时间能见我，所以我做了一个详细的 PPT，简明扼要地说明我想要什么，想怎么做，怎么能关联到她及对她产生的支持。结果十分钟就敲定了我们的合作。后来很多人都问我，是不是和她很早就认识了，不然人家为什么要和一家新公司合作？我说我只是提前准备得足够多，所以没有搞砸而已。

如果你要合作的是一个实力优于自己的个人或机构，更要去思索对方要什么，你能够提供什么，也就是如何才能利他，这是对别人时间的尊重，也是对自己的尊重。这个"课前预习"可以运用坠落层次论：你是否能在对方实现理想的道路上提供助力，或是能够让对方感受到你发自内心的爱？如果这两点都太难了，那么你是否可以帮助对方获得社会认同？如果你依然无法做到，那么再往下一层到了物质层面，是否可以付费成为对方的客户？对于我合作的很多品牌，我都会在合作前先去购买一些他们的产品，不一定买很贵的，只是代表我对品牌的认同，这也是一种诚意的体现。同样，来找我要资源的人，我也会要求他们先入会，这是最基本的一个原则。

所以商业规律无他，一是透明，二是交换，三是真诚。第一点是透明。就是不要试图隐藏自己的目的，前面的"丑话"说得越清楚，后面的摩擦越好解决。很多人和我合作的时候，一开始说自己什么都不要，等到合作进行了一半又狮子大开口，这对合作伙伴的伤害是很大的。所以提前说明很重要，哪怕合作因此而终止了，也比中途扯皮翻脸要好。第二点是交换。生意就是你情我愿，拿你有的，换我要的，要找到双方的需求才能匹配。不能你觉得配，但是我认为自己吃亏，这样的关系是不会有结果的。第三点是真诚。这也是争议最大的地方。无奸不商，我一开始进入商圈时，也产生过怀疑，为什么这些人都可以成功，难道是我的认知错了吗？可是十年后，等我再回头看当初那些不守承诺的"生意人"，几乎没有一个还活跃在市场上，我就明白其实不诚信的人在生意场的出局只是时间问题。

我每天都会遇到一些人来跟我谈合作，我问他们想要怎么合作，他们说希望我帮着卖东西，然后就开始介绍自己的产品多么好，对我的客户多么有用。我又问他们为什么要帮他们卖，他们说能帮我赚钱。我说："那是你的业务线，又不是我的。我们只服务会员，如果你成为我的会员，我可以帮你做推广。"他们马上说不愿意。这件事情就到此为止了，因为你情我不愿。既不能给我支持和爱，也不能帮助我实现我的理想，不能让我获得社会地位，甚至连我的生存问题都解决不了，还让我怎么心甘情愿地去帮助他呢？这是典型的以自我为中心的人，他们的眼中没有看见别人，只看见了自己。他们没有想过自己想要的东西无论是爱、理想还是社会地位，其实都要通过先利他来获得。

很多时候我们看电视、读历史会有些片面，比如刘备三顾茅庐请诸葛亮出山，诸葛亮鞠躬尽瘁死而后已，所以很多人也想学习刘备，一次次地去拜访相中的"诸葛亮",希望对方帮自己打江山。但人们没有看到的是,打动诸葛亮的并不是刘备三次上山的行为,而是刘备给了诸葛亮实现自己理想的舞台。这就是一种利他。如果自己的理想与他人无关,还想把自己的想法强加于别人,逼别人就范,别说三顾茅庐,三十顾也没有用,还是无效社交。

我做平台这几年,真的是阅人无数,很多人记得我,但是我记得的人却不多,为此常常会"伤害"到一些人的自尊心。比如他们看到我的时候,会很高兴地和我打招呼,说经常看我的分享,很喜欢我。但是我真的不记得他们了,原因是他们的记忆点很少:第一,他们的头像都不是自己,微信名也很抽象,这个行为的潜台词就代表他们不想被人找到。第二他们不发朋友圈,或是设置三天可见,这么低的存在感,求的不就是低调吗?第三,他们虽然在关注我,但是从来不点赞和互动。所以,我不记得他们也是很正常的。既没名字,也不露脸,既不互动,也不是我的会员,最重要的是没有自己的代表作,那么仅靠社交上的那一面之缘,是无法让人记住的,更不可能借此提升自己的社会地位。

要怎么提升社会地位呢?无论是内容分享,与他人的互动程度,还是公益慈善行为等,和人的关联最关键的依然是贡献度。那么这个贡献度要如何拆解呢?对应坠落层次和需求层次,我们可以划分五个层次来看贡献度的范畴。

第一,生存层面。能帮助别人解决某种生存困难,比如减轻身体病痛的医生、突破技术壁垒的专家,解决的生存问题越大,社会地位越高。

第二,物质层面。能帮别人赚钱。但是这里的赚钱不是靠自己的产品,而是别人的产品能不能通过你赚到钱,这个特别关键。举个例子,淘宝让天下没有难做的生意,是让别人的产品好卖,才能成功。你做的事情能让别人的事业更好,这就是利他,所有成功的互联网企业都做到了这点。人们能在抖音获取自己的流量，能在小红书让自己的产品被种草，能在快手做自己的直播，都是互联网企业在铺路让人们为自己努力。我有一个客户就很聪明，她来找我，想要我杭州市场的资源。我跟她说："我现在刚开发这个市场，还没法给你客户，我要先打好基础，以后等我积累的客户资源多了，你再来吧。"这其实已经是委婉拒绝了。但是她马上跟我说："我先给你会员啊，我有客户，推荐给你，你带我一起发展吧！"于是我对她的态度也转变了，把她从 D 类客户直接排在 A 类的第一顺位，立刻把我的资源也给她了。这个客户就是懂得利他利己精神的。且不说她给我的客户能不能真的入会，但这个态度就很有诚意。有这个基础在，后面的事情也会很顺利。

第三，社交层面。能让人获得社会地位或者辅助别人获得社会地位，为别人提供平台、机会和资源等。仔细去观察很多有社会地位的人，都是类似赋能者的角色，他们并不是高高在上的。

第四，理想层面。帮助别人实现某种理想。为别人实现理想提供技术、专业等支持，或者是自己的理想也能把别人涵盖进去。比如发明电灯泡的爱迪生，他的理想是让夜晚也有光，这注定会获得全世界的认可。

第五，爱的层面。这个层面是最简单的，也是最难的。简单的是付出爱就可以了，无论是欣赏还是关心，都是爱的体现。难的是要区分自私的爱与利他的爱。自私的小爱，是那种付出每一点关爱，都想获得对等的回报，得不到就逼迫别人感谢自己，这样的爱是无法引起共鸣的，还会让人想远离。

按照这五个维度去提升贡献度，无论从哪里出发，重复 100 次，1000 次，一定会获得相应的社会地位。当一个人有了社会地位，自然是有影响力的，哪怕他自己好像没有什么钱，依然会受人尊敬。但是如果一个人没有爱和理想，也没有社会地位，他的追求就会停留在第四个层次 —— 物质欲望。

第四层：物质欲望

爱越多的人，满足感越大，越能够成就常人难以想象的事。理想越远大的人，满足感越大，越能够克服困难走下去。社会地位越高的人，满足感越大，越能够产生影响力。如果这些都没有，那么物质欲望就会代替这些，成为一个人的信仰。

2012 年，一个年轻人为了买新款的苹果手机不惜拿自己的肾去换，现在据说已经成了残障人士，一米九的小伙子只能躺在床上。这个事情看上去很极端。为什么会有人去裸贷甚至卖血都要追求外在物质？用坠落层次去看，答案很简单：他们把物质当成了信仰，赋予了物质超越理想和爱的意义。在他们的眼中，外在物质可以换来社会地位的稳固，物质已经不再是一种被利用的工具，而是一种反过来操控人心的拜金主义。

那么是不是每个人生来就是没有信仰、崇拜物质的呢？实际上，大部分人包括我自己都是长期待在物质欲望层次的，这是很多因素综合的结果，也并不一定是拜金。一开始每个人都有理想信仰，但在实现过程中，遇到了各种阻碍，实现不了业绩目标，项目夭折，就觉得自己离理想越来越远，中途选择了放弃。其实很多阻碍看起来都是缺钱惹的祸，但根源依然是缺爱。当我的理想受挫的时候，也会特别想通过花钱的方式来补偿自己，如果连购物的钱都没有，就会放纵自己去最后一个层次里堕落。而一旦我付出了爱，不论当时我多穷，都会有一种幸福感从内心生长出来，肯定自己的价值。付出的爱越多，人就会越自律，越不会被内心的黑洞追着跑。

通过坠落层次，我们可以清楚地看到要解决问题，绝对不是去批评那个人卖肾的年轻人。他之所以会落下残疾，并不主要因为卖肾，而是术后没有得到很好的照顾，直到瞒不过去了才让家人知道，却为时已晚。这样的家庭关系明显是缺乏沟通的。在原生家庭中感受不到爱的人，会试图去社会上寻找，如果找不到才会一层层向下，直至退到他能够存在的位置——通过伤害自己，换取一个他认为可以带来"爱"的手机。这是一个很悲哀的故事，但是有人就是这样一点点从顶峰坠落，直到掉入谷底。我在做坠落层次的时候，就是带着这样一种使命感，要让人们打开知见，了解到真相的全貌。当人在谷底的时候，批评他们并不能带来改变，如果批评有用的话，就不会发生那么多悲剧了。很多人就是因为缺爱才会自甘堕落，再多批评也于事无补，只有让他们回到爱的顺流里，问题才能从根本上得以解决。

当我们"缺爱"的时候，通常会从物质或者力量上去想，是不是我还不够有钱，是不是我还不够强大，所以你们才不爱我？反之，如果我有足够的钱，变得足够强大，就能获得很多很多爱。其实是我们太敏感，很多时候我们感觉到的缺爱是一种假象，而我们只是缺少认可度，并且不获认可的原因往往是在我们认知之外的一些行为上的小事。比如我在开发外地市场的时候，曾经遇到一个人，他认识我，也认识我的城市合伙人。当我的合伙人告诉他，我要进军杭州市场的时候，他马上来找我，希望和我合作。我跟他说直接找我的合伙人就好了。他不听，就是要见我。我不见他，不是因为他的项目不够好，而是我没有办法帮到他，我要做杭州市场，正是因为没有人和资源，才会去找合伙人来做，所以他找我是没有用的。但是这些和他解释不清楚，认知不对等，所以根本没法谈。

人的大脑会自动把行为和爱关联起来，觉得别人不认可自己就是不爱自己，其实这是两码事。和大家分享一个好用的反问法。比如一个朋友突然很心酸地跟我说，身边有朋友告诉他，我会说他的坏话，为什么我明明不认同他，还要他待在我的身边呢？我回答："首先我没有说你的坏话，我和他说的话也一样和你说了。这叫评价，评价是很正常的，我没有什么好隐藏的。但是你记不记得，你跟我提过多少次那个朋友？并且把他说得一无是处，你觉得这是在说他坏话吗？为什么你不认可他，还要他待在你身边呢？"这就是反问法。我们常常觉得别人对自己做的事让人受伤，但我们每天也对别人做着同样的事。

群众的眼睛是雪亮的。弹幕为什么在年轻人中会火起来，就是因为每个人可以发表自己不同的观点，想不通的点，一看弹幕就明白了，果然涨智商了。而且这样的交流很真实，让人很有参与感，而这些在平时沟通的时候都是被隐藏起来的。如果从表象去判断，我们会觉得自己常常被拒绝，不被认可，没有人喜欢自己是因为自己没钱，抑或不懂人情世故，等等。于是花更多时间去包装自己，去讨好别人，其实都没有触及本质。如果你在生活和社交中感到身边的人不喜欢自己，要记住认可度和爱无关，看看是自己的哪些认知和行为方式上出了问题，然后通过不断地学习去修正它们，事情就会变得很简单。

我在课程中，就做过很多次"真实的游戏"试验，让大家介绍自己的项目，然后其他人说出喜欢和不喜欢的理由，听的人不许做解释和回答。每个人在这个过程中都成长很多，因为之前没有听到过如此真实的角度。学员们没有人情世故的背负，也不需要做好人，直接的表达是对介绍者最好的礼物。

回归本质去看，这个世界其实非常简单，缺爱的时候，就是缺乏自信的时候。人只要活着就一定会遇到各种评价，不可能让他人消声。很多"网红"都卡在这里，既希望自己夺人眼球，又不想有负面评价，其实都是片面的知见。被评价并不是一件坏事，不是你才高八斗，美如天仙，就可以横冲直撞。无论拥有多少物质基础都一样，没有一件事是由单一要素组成的，要用完整的知见去看，和爱、理想、社会地位、物质关联起来，所有评价都是为了让我们更好地认识自己。这样去看，所有的冲突都是一件好事。所以，感觉缺爱的时候，关键不是拒绝评价，也不是卑微地用物质向别人讨爱，而是学会付出爱，进而肯定自己的价值。

电视剧《三十而已》中的顾佳以为背着爱马仕的包包就能进入名媛圈，结果发现根本没有人尊重她。这就是一个价值观上的黑洞：买得起阿迪达斯的时候会看见别人有迪奥和古驰，买得起古驰的人会发现有人背爱马仕……总是只追求更高的财富，那么永远是"穷"人，永远停不下来。其实顾佳在帮人做糕点的时候，倒真的是一种价值输出，是利他和赋能，但是在她的知见中，这是低人一等，是羞耻，那么就很难真正与人建立连接，只能停留在物质层面，没办法实现再向上一个层次突围。真正爱自己的人，就算做服务工作，也会感到幸福，因为这是一种输出。古往今来，很多大富豪，包括胡雪岩在内，都是从学徒开始就努力工作，因为比别人贡献得多，机会来的时候，也可以很好地把握。因此，不要继续被自己的认知阻碍，打破它才能看到全新的层面，你能做的远远比你想象的还要多。

答案永远在上一个维度。有权有势的皇帝想要得到的是民心，得到民心的高人想要的是不朽的真理，拥有理想的圣人渴望成就的是永恒。

而痛苦永远在下一个层次。我们在没有付出爱的时候，就会觉得内心空虚；实现理想的过程中，发现一时半会儿也实现不了，于是再退而求其次，去追求社会地位，结果发现好像没有什么人在乎自己，又得不到满足；就又想赚钱满足自己，然后发现也赚不到钱；最后开始行为上的恶化，消极避世，放纵自己。痛苦就这样让人从爱的"天堂"里一层层地退出，直到坠落到最后一个层次里去了。

第五层：放纵坠落

布热津斯基提出的"奶头乐"理论认为，如果要让有钱人一直掌握核心资源，就要让更多人在沉迷放纵里荒废。他企图让全球80%"边缘化"的人安分守己，给他们塞上一个"奶嘴"，转移其注意力和不满情绪，让他们安于为他们量身打造的娱乐信息中，慢慢丧失热情、抗争欲望和思考的能力。如今，随着"奶头乐"产业的日益发展，那些物质欲望得不到满足的人，更容易进入自暴自弃的恶性循环里："反正我也没有出路，废就废了。"于是更多人在"奶头乐"效应中迷失着自我：玩游戏上瘾，荒废学业，沉迷赌博、酒精……

与之相反的是，那些制造"奶头乐"谎言的人，却始终没有放松对孩子的教育。他们的孩子除了正规学业，还要学习滑雪、钢琴、篮球、马术等各种技能，几乎没有休息的时间，更别提玩游戏了。等他们的孩子长大后，身边都是同样优秀的人，有圈子、有资源、有文化。哪种孩子更容易成功呢？如果继续这样下去，普通人的机会一定会越来越少，所以有人说，根本不存在真正的白手起家，所有的成功都是有基础的。

难道没有充足物质条件的人，就只能在"奶头乐"效应中继续迷失与堕落吗？不要沮丧，因为这样的比较是建立在物质层面的目标设定上的。也就是说，如果在这个时代你还是把目标设定在物质层面，确实未来的发展空间与机会很有限。连互联网大佬都说，现在中国的大企业是什么状况？已经不是投资以自己业务线为核心的周边产业了，而是哪里出现机会，就利用自己的资源优势入场，迅速占领市场。大树底下寸草不生啊！

这是无法逆转的事实，首先只能接受它，资源是有限的，爱和理想却是无限的。还有无限精彩的内在世界等待人们挖掘，在这个维度上，是不需要看出身和资源的，可以说所有人的起跑线都是相同的。从古至今，条件比现在艰苦的时代多了去了，但是依然滋养出许多有德行的思想家。就这个层面来看，为了免于放纵坠落的结局，向内看几乎是最后的选择。

人有一个特质，就是向往延伸，这也是生命的特质，从一个细胞变成一个人得不断地扩张。但是当这样的延伸达到了一个度，就必须要内求，否则就会内卷，也就是萎缩。内卷其实就是内部竞争，指的是低水平的重复，社会（文化模式）某一发展阶段达到某种确定的形式之后，这种形式便停滞不前，难以转化为另一种高级模式的现象，从而把自我锁死在低水平状态上，周而复始地循环。

那么，内卷和内求有什么区别呢？举个例子，你想要拥有一套自己的房子，经过奋斗你得到了；然后你想家里有个老婆，最后也抱得美人归了；之后你想升职加薪买辆车子，不久也实现了；于是你想继续进修，最终获得了博士头衔……而等你拥有了一切，以为可以得到更多的社会认同，结果发现满大街都是和你一样的人，回归本质，你还是一无所有。这就是内卷。而内求是什么呢？就是以自己为中心去思考，你想要房子，也有了房子，就开始思考房子可以给你这个人带来什么价值？于是你开始举办家宴，邀请好友分享你的心得和故事，受到了大家的欢迎和肯定，拥有了一批粉丝。然后你开始创业，可是又觉得自己能力不足，想要学习专业的管理技能，结果发现粉丝中有管理老手，于是你开始向他请教，人家传授你知识和技能，你则让其感受到家和爱的温暖。在这个过程中，你的内在是满足的，你的资源是扩张的，你这个人自然是富足的。

我和投资人的关系一直是以"内求"的方式互相滋养的，他们请教我怎么处理人际关系，我向他们请教怎么做商业，互相滋养。每个人都很有价值，这种关系就是稳定的，因为它建立在平等的基础上。做平台最怕的是出现内卷现象，平台要存活就必须收会费，但是收了会费就要满足会员的需求，如果每个人都提出需求，平台的资源很快就耗尽了，这就是内卷。我们平台有很多会员，虽然我们一直在强调利他，但是有人入会的目的就是为了销售，如果发现入会后自己的产品没有卖掉，就会心生不满。确实，人们加入线下平台无非是为了获取资源，或是为了卖货，这是刚性需求。但是这里面是有规律的，为什么有的人卖得好，有的人不行？因为大家面对同样的客人，给出的标准是不同的。比如《舞林大会》的总教头方俊老师，在我们平台做了一个沙龙分享他的新店，结果一次活动结束后就有好多人要投资他；而另外一个会员，也做了个沙龙，连去的人都没有。为什么差异这么大呢？除了方俊老师个人的影响力，更重要的是他的活动是用心去做的，现场的音乐、氛围、表演和茶歇，每个细节都让人舒服，而另外一家的活动现场、配套资源都很差，想让人买单的目的昭然若揭。如果是你，你会选择哪一个？

很多事情是没办法单向完成的，平台的人脉再好，也经不起无心的人消耗。那些做大的平台，比如抖音和小红书，一开始也必须依赖用户自己先奉献好的内容、好的产品，自己去引流。如果什么都不按规则来，也不愿意付出，平台不但无法为用户赋能，还会被用户拖垮。任何事情要有结果，都是要先付出的，不可能一入驻淘宝，就立刻有销售额。同样，线下平台也如此，会费是第一道门槛，第二道门槛是自己要做出好的活动，有好的宣传和模式，才能在平台顺利获客。利他从来都不是一件简单的事情，它事关生存，这也是为什么我们的平台要求做生意的会员一定要先学习怎么利他。所有平台做到最后，都是要做教育的，因为这是用户和平台双方唯一的出路。

这个世界上除了通过淘宝等互联网平台交易，还有很多生意是无法通过互联网成交的，比如说私人定制、奢侈品等高端资源。这些资源过去只在固定的圈子中流动，很多人认为，这个层次的人是无法互联网化的。但我始终相信，人有向善、向上的追求，而高净值人脉的价值不应仅仅体现在互联网金融上，一定还有适合他们的联动方法，可以把这些资源变现盘活，从下至上可以，为什么从上至下就不行呢？所以我一直在搭梯子，把上面的资源带下来，让更多人可以选择。同时也通过教育系统，让大家都把自己的资源分享出来，这样的互动累积到一定程度，就会形成一种不同以往的联动方式，一种可以互动、复制和扩散的利他商业模式。

要串联这样一个平台，靠过去的各种互联网技术还不够，还需要精神层面的注入，我要做的就是把爱、安全和理想带进整个模式，让它更具人性化和可执行性。简单地说，每个高净值人脉在这里贡献和利他，产生的效能一定是丰盛的。这就是我的理想，用爱创造价值。可是即使到爱这个层面，依然需要通过有人付出和守护才能维持，所以利他不是自己学习而已，它需要被传播出去，这样才能实现利己。无论你做任何事业，都不是无所不能的，都不可能无限满足所有人的需求，付出的还是要能够回流到自己身上，这并不是有爱就够了，物质条件也是要满足的。

以上我们谈论了在日益残酷的社会竞争中，如何突破物质层面的不足，避免掉入放纵坠落的最终结局。接下来，我想落实到个人日常生活中具体谈谈如何逃离放纵坠落的状态。

曾经我的一个爱将离开了公司，离开的时候对公司一顿批评。想到自己对她多年的栽培和维护，非但没能让她领情，反而招致了她的攻击，当时我真有一种心如死灰的感觉。于是我就在江边一直抽烟，好像这样烦恼就会烟消云散了。抽烟是属于一个人的孤独时刻，沉浸在这种孤独感里会让自己有一种悲壮的英雄主义色彩，看上去好像是没有人能懂自己。事实上一旦抽烟变成一种习惯，身体的负担就代替了情绪成了新的负担。为了解决一个黑洞掉入另一个黑洞，是人们最常犯的错误。

我很快意识到这只是一种逃避，关键在于我不想面对那种心痛的感受。于是我放下烟，开始向内看，思考这个人的离开对我来说意味着什么，我可以从中学到什么。我很快认识到了自己的错误，一方面确实是过度保护，另一方面不相信每个人都有面对风浪并超越自我的能力。然后我马上着手在行为上调整管理策略，让专人重设管理机制，发现问题及时反馈，让每个人为自己做的事情负责。在能量上更多地分享价值观，让后来者们有负责任的态度。当我感受到这件事带来的意义时，这个人的离开就不是悲剧，而是一份爱的礼物——她的离开给我上了很重要的一课，这就是与人交流发生的碰撞所带来的成长。

如何避免自己在坠落放纵的状态里出不来呢？我自己有一个特别有效的心理暗示方法，奖励是为了庆祝，而不是为了逃避现实。也就是说如果我有一件事做得很好，就会给自己一些奖励，比如购物、旅游，来鼓励自己继续做下去，这时候的享受是良性的，会产生想要做得更好的积极动力。可是如果有事情没做好，就要延迟享受。坚持去突破困难，不在没做好的时候奖励自己，否则那会变成一种放纵和补偿。比如业绩不好却跑去度假旅游或是喝得酩酊大醉，看上去这是在缓解压力，事实上它和抽烟没什么不同，只是有了让自己感觉好一点的幻象，对事情的发展没有什么实际的促进作用。

但是从根源上说，要避免长期困在这种状态中，一定要往高层级的状态中寻找答案。它可以保护我们时刻向上超越，而不会一直坠落下去。如果一个人在爱中，就算出现问题也会做出最有利的选择，最大化地保护自己的权益。在爱中的人根本不会去淋雨、暴饮暴食、熬夜或者酗酒。这些不良行为是变相的慢性自杀，代表我们不想面对现实里的问题，只是想要逃避。那么哪些行为是慢性自杀呢？比如晚上 12 点后睡觉、缺乏锻炼、长时间待在室内、心态差，等等（如图 9）。

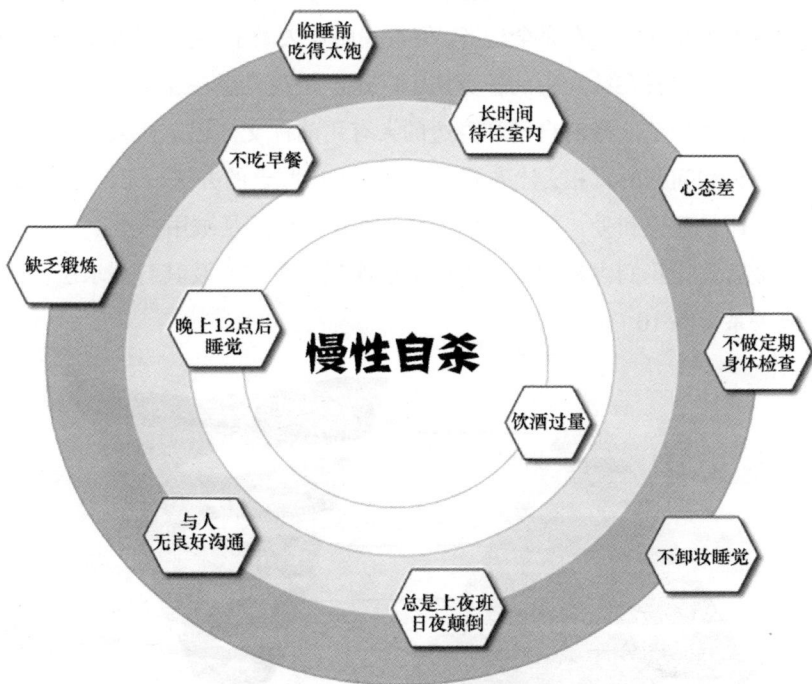

图 9　变相慢性自杀的不良行为

其实，晚睡、不锻炼、待在室内不出门、心态差……这些行为基本上我们或多或少都会有。没错，挫败的时候，人就会往下走；反之，则会向上走。得到很多认可的人，自然会向着使命和理想前进，拥有理想的人，自然会拥抱无限的爱。而什么都得不到的人，自然会想要选择放纵坠落，麻痹自己。要么选择内卷，要么选择内求。不同的选择带来不同的命运。

参照坠落层次，很多时候我们做了错事却不敢面对，其实并不需要别人来提醒，只是需要有一个重新付出的机会。我的老师曾经分享过一句话令我受益良多，他说："当你感到心痛难耐的时候，就去看看身边有谁需要你的帮助，找到他们，去分享、利他，提供自己的帮助，做出贡献。总之，就是去帮助身边更需要帮助的人，你的痛苦就会消失。"这句话当年我其实没有完全理解，但是我照着去做了，结果真的是这样，现在几乎成了我在社交中的护身法宝。这也是我最想在互联网时代做的事情，通过分享这些对自己和身边的人有用的社交知识，让人们看到烦恼的源头和问题的真相，让人们掌握自己走出匮乏的办法，无论是物质、资源，还是理想和爱，要让它们为自己所用，而不是被用。

最后，让我们再来回顾一下坠落层次的几个核心及其与需求层次的对应关系（图10）。

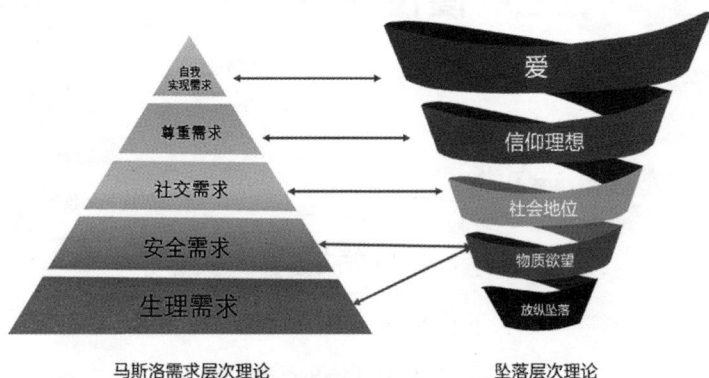

图10　坠落层次对应的需求层次

第一层：爱

第二层：信仰理想

第三层：社会地位

第四层：物质欲望

第五层：放纵坠落

这五个层次，对应的是人在不同状态下的"信仰"。它有几个特点：

1. 坠落层次是根据需求层次做出的延伸和补充；

2. 通过坠落层次可以清晰地看到追求不同的目标会带来什么结果；

3. 每个人都会同时在几个层次里游走，区别是停在里面的时长；

4. 爱是最终极的答案，哪怕到了最后一个层次，依然可以用爱走出来；

5. 获取爱的方式是给予；

6. 社会地位是一个关键的分界点；

7. 一个人要走向理想和爱，不是一步到位的；

8. 一个人要彻底掉入谷底，也不是一步到底的；

9. 最糟糕的不过是谷底，到了最底下就可以触底反弹了；

10. 人大部分时间都待在自认为和自己能力匹配的层级里。

如果能长期待在爱中，世俗的烦恼自然不存在，无论有没有钱都会受人尊重；如果不能，还可以让自己拥有理想，成为为人类谋福祉的人，也不会在意物质是否奢华。这些都是超越物质的精神富足，是非常高维度的境界。每个人都会进入这两个层次，区别在于能待在里面多长时间。

当理想在实现的过程中受到挫折的时候，追求社会地位也会变成一种选择。社会地位是一个分界点，因为要有社会地位就必须向上、向善，最终还是会走向理想和爱。如果社会地位也得不到，就会以物质欲望为信仰，在这个层次里待的人最多，看上去是被生活所迫，其实是没有完成自我内在的超越和升华，被物质困住了。如果一直用物质来评判自己是否是一个有价值的人，那么一旦得不到充足的物质条件时，就会否认自己的价值，继续下坠。连物质欲望也无法满足的时候，就到了最后一层放纵坠落，也就是谷底了。这个层次的人，对自己和世界都感到失望，感到无路可走。困难在不断叠加，但人却一直没有向上走的行动，于是任何一点打击都会变成压死骆驼的最后一根稻草。好消息是这已经是谷底了，再糟糕还能糟糕到哪里呢？接下来只要爬上去就可以了。

　　到底要创造哪一种未来？命运就在自己的手中，让我们一起努力吧！

商业利他

根据坠落层次论，商业的终极答案一定是利他。利他的范围就更加广了，要怎么帮助别人才会对自己的事业产生帮助呢？继续探索，可以得出一个漂亮的孔雀羽毛图（图11）。

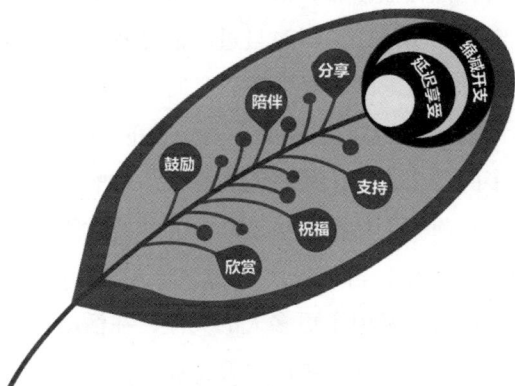

图 11　爱的维度

人在困难的时候往往想的是接受帮助，但事实上即使是一无所有的时候，依然可以利他，那就是爱。那么如何给予爱，如何定义爱呢？可以分为以下六个维度：支持、祝福、欣赏、鼓励、陪伴、分享。

人们在实现理想的过程中遇到问题时，在事件层面要做到延迟享受、缩减开支等内收行为，比如明明业绩不达标，就别去吃香喝辣了，省吃俭用是必然的。但是在爱的层面则要更加敞开，付出更多，比如欣赏、鼓励、支持周围的人，或是分享自己的心得和经验给别人。一个向内，一个向外，双管齐下、同步进行，既可以帮助到别人，也能解决自己的问题，是一个利他利己的正向循环。

也许有人不明白为什么在爱的层面要更加敞开呢？难道不是应该更多的索取才能解决问题吗？其实匮乏的根源在于缺爱，所以越是匮乏的时候，给出的爱的感恩越要多，把内在爱的力量打开，才能吸引更多人来助力。再大的困难，支持的人多了，也会迎刃而解。可以说这是一种追根溯源的逆向思维，每一个困难，都是一次扩张自己爱的能力，让自己成长为真正的领袖的机会。

我在创办卡枚连平台的过程中，遇到过多次重大危机。记得有一年做公益慈善夜活动，正好遇到了市场不景气，经济下滑，找不到赞助商，很多约定的客人也都无法出席，活动面临着停办的风险。在这样的情况下，一般人一定是缩小规模，得过且过。但是我却在想，自己做公益的初心是什么？在市场匮乏的时候，最需要的又是什么？

答案非常肯定，做公益这件事是非常纯粹的，不能因为恐惧就退缩，这时要扩散更多的爱出去。于是我们和举办活动的酒店多争取了一天的使用权，要在活动前一天加办一场 200 人的公益大秀，在活动当天上午举办 500 人的公益论坛，再加上晚宴的 300 人，整整扩张到了 1000 人的规模。这样的规模，吸引了更多人的关注，在活动开始前 7 天，我们收到了一笔大赞助，所有的问题都迎刃而解。

一次差点办不下去的活动，居然因为困难和障碍，最后变成了历年活动之最。这一切到底是怎样发生的呢？

遇到问题：活动因各种问题无法举办。

能量扩张：把一场活动变成了三场活动，从 200 人的活动扩张到 1000 人的规模。

行为层面：节省不必要的开支、停止个人消费；管理层停发薪资、减少用人成本；积极连接客户，提供价值输出，感恩祝福每位支持的客户。

通过案例解析可以看到，在遇到问题的时候，换种心态可以带来完全不同的结果（图12）。

问题	选择	能量	行为	结果
活动遇到障碍	负面选择	能量退缩	压成本缩小活动	放弃活动
	正面选择	能量扩张	扩张活动人数	大获成功

图12　遇到问题的应对方式

　　商业向善，不一定是要出多少钱，或者是有多大的排场，用心和付出是比金钱更宝贵的东西。我在把一场活动加成三场活动的时候，并没有增加预算，而是去感召别人加入一起做。就拿500人的公益论坛来说，在论坛上展示的商家都是我们自己的会员，展台都是商家自己搭建布置的，我们把门票免费发给商家，再由每个商家分享给自己的朋友，这就是第一圈的人脉扩张。而出席论坛对话的嘉宾是过去一直有商业合作的伙伴，把他们用一个活动串联起来，互相宣传和利他，要做的事情翻了三倍，但事实上费用并没有增加。在没有钱去扩张商业的时候，最宝贵和奢侈的就是人，可以付出爱的人，能够解决一切匮乏。

　　类似鲜活的"逆袭"案例后来还发生过很多次，每一次我都用能量扩张法去处理，结果都很有效。比如在活动开始前一周报名人数还是寥寥无几，于是又开始陷入焦虑和沮丧里，害怕没人来，开始抱怨那些对报名确认模棱两可的人。但最后一定是回归自己的初衷 —— 为什么要做这场活动？发现自己开始偏离本心就及时修正，然后付出更多去利他，祝福和感恩所有支持自己的朋友，最后活动爆满。商业上这样的利他案例其实有很多。

　　无印良品曾在2001年亏损数额达10亿日元，日本一度盛传"无印良品不行了"的说法。松井忠三上任后，在两年内扭亏为盈，并在2005年创下营收1410亿日元的佳绩。松井忠三在公司最危急的时候，被临危授命出任社长，从利润"0"开始，带领无印良品重新出发。要扭转乾坤，就必须对症下药，松井忠三思考很久后发现，无印良品最根本的问题在于企业文化与母公司出现了严重矛盾。

1. 感性与理性文化的矛盾

无印良品的母公司西友集团有着感性的企业文化，而无印良品是需要用科学性来运作的一个公司，所有的产品设计和运营理念都需要科学性，这就与母公司出现了冲突。而且无印良品强调的是连锁品牌，这与母公司强调单店经营的文化也是冲突的。

2. 执行力的差异

西友集团是一个以企划、策划为立足点的公司，有大量非常详细的策划方案。然而策划方案有多厚，执行力就有多低。所以西友是一个企划、策划为 95%，执行为 5% 的公司，而无印良品推崇的是执行 95%，企划、策划 5% 的企业文化，无印良品的整个文化都和母公司颠倒了。

3. 急需变革的体制构造

之前获得经营利润所遇到的所有问题都被归咎于人的问题，比如说衣服做得不好，就是衣料品部门的问题。而背后真实的原因是体制，无印良品的问题 80% 都是体制构造导致的。

找到问题后，松井忠三设计了七条力挽狂澜的改革措施：

库存管理：狠心处理大量不良库存；

成本控制：关掉 10% 的店铺；

产品研发：做世界的无印良品；

开店策略：量化销售端开店标准；

运营举措：力降运营成本至 30%；

员工管理：建立全员参与更新的员工手册；

员工培训：完整系统的员工教育体系。

正是这七条改革措施，让无印良品扭亏为盈。除此以外，无印良品还扶持大量的经销商和厂商一起成长，一起赚钱。很多日本企业都很尊重工厂，不是看见哪里利润高就选哪个工厂，拼命压榨下游以获取利润。日本的工厂合作关系一旦建立，就是稳定持久的合作，不会因为别家低几块钱就切断之前合作工厂的活路，这也是一种利他精神。

最伟大的商业模式 —— 利他

负责帮助会员做宣传的小朋友跟我抱怨：想采访客户，结果对方向他吐槽了 40 分钟公司的问题。他觉得很委屈，感觉自己的工作没有被认可。

我跟他说："所有的委屈，都是因为你在防御，对方为什么要说 40 分钟，因为你一直在拒绝他。如果你能够虚心聆听，4 分钟就讲完了。"

我们应该真心实意地感谢对方，谢谢他的建议，如果不是这些客户，在疫情期间我们早就完蛋了，他们感到被冷落，没有得到足够的支持，才会抱怨我们。毕竟，只有真的在意和支持我们的人，才会对我们寒心。所以我们应该对他更好，帮他做更多的事情。当你这样去做的时候就不会觉得别人在针对你，别人也不会为你的态度而生气了。

当然，一定也会有的人的攻击是恶意的。那就更不需要伤心了，这个概率本来就不高，何必为了偶尔一次的倒霉坏了自己的心情呢？

最伟大的商业模式是利他，这句话相信你在很多地方都有看到过，但它到底是什么意思呢？

《道德经》第八章载："上善若水。水善利万物而不争，处众人之所恶，故几于道。居善地，心善渊，与善仁，言善信，政善治，事善能，动善时。夫唯不争，故无尤。"老子认为，天地间最接近"道"的东西就是水，而水"利万物而不争"，正是"利他"的典范。因此，如果我们要学习"利他"这一最成功的商业模式，自然要有"水的智慧"。

水的智慧：多变、利他、不争

1. 水的第一个特征是多变

不管遇到什么情况，水都能变换自己的形态去适应外界环境。这一点，从商业的角度来看是很难的。任何商业都有一个周期效应，叫作"第二曲线"[①]。当企业过了破局点实现增长，"第一曲线"发展到一定的规模就会开始往下滑，企业需要变换跑道才能够继续生存下去，不能适应这件事的企业则会在高峰期直线下跌。

我记得早年间的一个节目里，前万网创始人兼 CEO 张向东（当时还是一个小年轻，尚未创办万网）列举了一堆阿里巴巴的优势以及慧聪网的不足之处，并预测说阿里巴巴最终会干掉慧聪，一统电商。结果遭到慧聪网创始人郭凡生无情的嘲讽，最著名的当属那句话，"我都那么成功了，你还不相信我"。那时候的慧聪网可谓独占鳌头，遥遥领先于阿里巴巴，每个人都觉得这个年轻人说的是个笑话。但是月满则亏的道理放在商业上也是一样，如今，当年的霸主慧聪网早已没落，阿里巴巴取代它站上了新的时代巅峰。那么阿里巴巴又能坚挺多久呢？这两年出现的拼多多已经在瓜分阿里巴巴的市场，新一轮的战争在一个企业"封神"的顶点照旧拉开了序幕。

为什么百年企业这么少？一是能够适应市场变化的公司并不多，很多能流传下来的百年企业规模都很小，比如一家世代相传的拉面店，就是那种小而美的企业。企业的规模越大，改变就越难，反而是小型企业转型会更简单。那么这个观点会不会和水的多变有冲突呢？其实，多变的对立面就是以不变应万变。如果公司规模并不大，那么始终如一地去做好一颗螺丝钉是没有问题的；但是如果企业规模非常大，就很容易被

---

① 第二曲线理论：查尔斯·汉迪教授研究发现，"在过去的环境里，一般企业平均寿命为40年，但随着科技、环境变迁，企业寿命已大幅缩减到14年"。这还是他20世纪末的研究成果，当下我们的科技环境变迁速度更快，现在企业的寿命是远小于14年的。

无数颗螺丝钉给取代。当企业的服务不能满足市场的需要，就会催生出新生力量来颠覆和超越之前的企业，人类也就是这样不断地自我迭代，以实现整体的传承和进步。

对于大企业来说适应变化是要命的事情，所以现在很多企业在还没有发展到高峰期的时候，就必须去思考"第二曲线"在哪里，以求能够长期经营。

2. 水的第二个特质是利他

水能滋养万物，它很宝贵却非常容易得到，人们获取它的代价并不高。同样地，能存活下来的企业几乎都是利他的，没有这点是无法成就自我的。

比尔·盖茨之所以能成为世界首富，是因为他抓住了计算机时代到来的巨大机遇——在几乎人人都投入做硬件的时候，他却洞察到软件才是未来的趋势所在。他开发的微软，让无数人受益于互联网，这是他的第一大贡献。

他的第二个贡献在于慈善。2000年，他成立了比尔及梅琳达·盖茨基金会。2008年他宣布将580亿美元个人财产捐给慈善基金会，但五年后，比尔·盖茨以727亿美元重新夺回世界首富之位。

比尔·盖茨的第三个贡献在于他的励志精神。他经常做演讲，宣传自己的成功之道，成为年轻人的偶像和奋斗目标。虽然他也遇到一些问题，遭遇很大非议，但是就他的"利他"智慧来看，涵盖了产品利他、公益利他、精神利他三个维度，是非常成功和值得借鉴的。

3. 水的第三个特质是不争

老子说："夫唯不争，故无尤。"什么叫"不争"呢？就是不要去索取认同。不争，就不会招致怨尤。

为什么有些人的利他行为让人无法接受？打个比方，我辛辛苦苦地烧饭，做了一桌子好菜迎接家人，当所有人落座以后，我就开始说自己烧饭有多么辛苦，为大家付出了多少，也许本来大家对我心怀感恩，但是听完这些话以后又觉得一桌子饭菜都索然无味了。一旦给付出加上一个自己渴望的必然条件，那么这个付出就变质了。其实付出必然是会有回馈的，因为在付出的过程中，你就已经收获价值感了。只有当一个人无法肯定自己的付出行为是有意义的，才会把这个意义强加到别人身上，希望由别人来给予自己。

我曾经和一个合作伙伴关系闹得很僵，因为他每为我们的合作做一些事情，都要求我必须用他想要的方式表达感谢，比如说在朋友圈给他留言，点名感谢他，等等。这些事情让我非常反感，也不想去做，而他也因此心存怨怼，觉得我不通情理。这就产生了一个认知冲突：他所认知的爱和感恩必须通过行为和言语来赋予价值，而我却认为合作关系中，双方所付出的一切都是自然而然的，没有必要每一件事情都用行为和言语来表达，这样的合作关系太刻意、太别扭。两个人的想法完全不同，结果自然是不欢而散。

当我们产生利他行为后，感恩的反馈是自己主动去争取的，还是别人发自内心的自愿表达，这个区分非常重要，归纳为两个字就是"不争"。真正的利他是"不争"的，争出来的不是利他，而是有着明确商业目的的买卖交易，于是就会招人怀疑，引人怨怼，让人觉得自己受了欺骗。

商业利他的三个层次

19 世纪法国社会学家奥古斯特·孔德针对利己的概念，结合拉丁语中"外在的"词源创造出了"利他"一词，这是公认的"利他"作为一个明确概念的产生。孔德认为利他是一种为他人而生活的愿望或倾向，是一种与利己相对应的倾向，利他主义所强调的是他人的利益，提倡那种为了增进他人的福利而牺牲自我利益的奉献精神。

这就涉及一个问题，即利他和利己是否是对立的？事实上，利他与利己有时并不在一个维度，很难界定。当我去帮助你，收获的回报也许并不是来自你，也并不是金钱等物质形式，而可能是来自内在的对自我价值的肯定。当我拥有自我价值，就能创造更多的财富机会，看起来不是因为帮助你而获得的，实际上却是紧密相关的。所以利他很难绑定一个固定的回报，这和每个人对利他价值的界定有关。你觉得利他有价值，它就是值得的；你觉得助人不利己就是吃亏，那就是吃亏的。那些觉得利他是吃亏的人，就是把利他和利己彻底对立的人，这是不现实的。

想清楚了利他与利己的关系，我们也就更能看透商业利他背后的逻辑。

商业利他的第一个层次是提供有价值的产品或服务。别人愿意为这个利他的行为付费多少，就是市场定价。如果定价合理，商品就能大卖，反之则不然。很多创业者觉得自己的产品好极了，就像看自己家的孩子怎么看都好，但是市场上就是没有人买账，为什么呢？因为别人不觉得好，也就是说不够"利他"。所有卖不动的产品，都是这个原因。举一个简单的例子，心理学能够疏导压力，让人减轻烦恼，为什么真正求助于心理学的人还是很少呢？因为如果酒精可以让人一醉解千愁，殊途同归，那为什么不选择操作更简单、见效更快的方式呢？以前我一直执着于自己的心理学课程这么好，为什么不能大卖，这就是困在利己的角度看问题。交换的完成需要双方的认同，哪怕是不涉及金钱交易的利他行为，如果一方觉得自己的利他行为值得被感激10次，另一方认为只有1次，那么这个交换也无法完成。所以我们在学习商业利他的时候，一定不能被利己的思想束缚，要从利他视角出发，寻找整体的机会在哪里，否则是没办法找到突破口的。

所以，请开始思考一下，你的产品是利他的吗？它能造福多少人？市场上有没有更利他的同类产品呢？

商业利他的第二个层次是在社会贡献上的利他。公益和慈善这些利他行为看上去没有实质性的利己收益，但无论是节省税金还是社会声望的累积，对企业来说都不失为一种好的宣传。这也是利他和利己不能完全对立的原因。捐款虽然是纯粹的给予行为，但是捐赠方获得了名声或者是心理上的价值感，并不是完全没有收获，而且这种荣誉和价值感积累到一定程度，也会反过来成就自己。

　　被称为"中国首善"的陈光标，就是一个很喜欢在慈善上做宣传的人，虽然争议很大，但他累计捐款 20 多亿元，获得 4000 多本证书，3 万面锦旗，也都是不争的事实。我第一次去他公司参观的时候，也被如博物馆收藏一般的证书数量震撼了。我非常好奇，难道他的企业就没有发展困难的时候吗，为什么他可以一直捐钱呢？他说，捐得越多，得到的越多。没有企业可以在绝对安全的环境下发展，但因为慈善带来的名气和善缘，让他比一般企业走得更顺利些。很难说是慈善成就了陈光标，还是陈光标成就了慈善，可见利他与利己其实是互相成就的关系。

　　商业利他的第三个层次是精神上的利他。许多企业家在功成名就后，选择向更多人传递自己的价值观。比如一度刮起"稻盛和夫热"的著名实业家稻盛和夫。他白手起家创办了两家世界五百强公司，被称为日本"经营之圣"。他不仅在商业上取得巨大成就，而且将自己的经营哲学、人生哲学总结提炼成文字，他的《活法》《干法》等著作在中国影响深远。

　　国内也有许多传播企业文化的案例，其中的典型是华为。据统计，关于华为和任正非的书至今已出版了数十部，这些书可以帮助更多人了解华为的企业文化。第一次看到这些书我真的很震惊，为什么企业做大了，公司里的每个人好像都能成为演说家？回头再看看自己的企业好像还差得很远。其实答案很简单，这些都是企业在发展过程中自然生长出来的能力，一个企业做得好，必然要到精神层面去利他，如果连周围的人都影响不了，企业不可能做大。这就是企业文化的向外延伸，一方面可以帮助其他人学习企业的管理方法，另一方面也帮助企业自己做了价值观推广，这也是一个利他利己的循环。

　　这就是商业利他的三个层次，先从产品、服务的利他，自然上升到制度、流水线、供应商利他，再上升到社会价值的利他，最终过渡到精神的利他。这三个层次的利他都会伴随着企业的成长而不断变化，这也印证了水的智慧在商业中的应用——多变、利他、不争。

　　成就世界上最伟大的商业模式，就从利他这一步开始。

利他的前提

在你打算放手一搏，大胆利他之前，我还是要先给打你一个"预防针"。在行动之前，先问自己两个问题：

你有没有特别不愿意帮助的人？

你有没有发生过帮助别人却被倒打一耙的事？

从小我们就被教导"滴水之恩，涌泉相报"的道理，读过不少知恩图报的历史故事，比如韩信的一饭之恩。韩信少时家中贫寒，常去别人家吃"白食"，为此常遭人冷眼。后来韩信到淮水边钓鱼换饭吃，却经常吃不饱，淮水边上漂洗纱絮的妇人，见韩信饥饿难忍，十分可怜，就把自己的饭菜分给他吃，天天如此，韩信深受感动。后来韩信被封为楚王后，始终没忘这位妇人的一饭之恩，派人四处寻找，以千金相赠。

《伊索寓言》中也有一个家喻户晓的"农夫与蛇"的故事，这个恩将仇报的故事让人心生胆寒。它告诉我们做人一定要分清善恶，只能把援助之手伸向善良的人。对那些恶人即使仁至义尽，他们的本性也是不会改变的。所以，在开始"利他"之前，首先要了解这个事实：当你去帮助别人，遇到的是"蛇"还是"韩信"？

虽然我们都希望自己能够遇到知恩图报的"韩信"，但是很不幸，很多时候，我们遇到的是会咬人的"蛇"。那么问题来了，在社交过程中发生的"农夫与蛇"的故事，根源是在于"蛇"还是"农夫"，还是说今天就不该出门？就事论事时，大家要么说是"蛇"的问题，居然去咬自己的恩人；要么说是"农夫"的问题，明知蛇会咬人还帮助蛇。很少有人说："都怪我不该出门。"有趣的是，在现实生活中，人们却常常选择第三个对象来责怪：都是社交惹的祸，下一次还是别出来社交了。

做出这个选择的人，大多都是无法对"蛇"施以惩戒的"农夫"，因为无法保护自己，惩罚对方，所以只好归咎于社交太复杂，选择了逃避。其实，大多数利他的失败是因为价值观不同。利他的对象会决定利他的质量，也就是说，只有当利他的对象是价值观相同的人时，我们才能完成从利他到利己的循环。因此，在开始利他之前，想清楚两个前提：你的核心利他对象是谁？如何进一步筛选你的利他对象？

认知对等，找准核心利他对象

选择利他对象首先要认知对等，选择对等的人才能保护好自己。而所谓认知不对等也只是一个时间差的问题，它的本意并不是贬义的。

比如说我在十五六岁的时候，有人说我不化妆的时候好难看，越看越不经看，我因此难过了很久都不能释怀，感觉受到了巨大的打击，好像一辈子都过不去这个坎了。一晃 20 年过去，又有一个朋友说："你化不化妆差别真的好大啊！"没想到，我居然毫无波澜，还和他一起开起玩笑来。十五六岁的我，除了外表一无所有，否认我的外表就等于否认了我的全部，自然是一击即中。而现在的我已经拥有了超越外貌的更多价值，无论是我的人生阅历，还是积累的经验或者做出的贡献，都足以让我不再需要依靠外貌来树立自己的自尊。在别人眼中，我的外貌是美是丑，并不影响我的价值，就只是一句评价而已。

年轻时我的认知和现在我的认知是截然不同的，外貌焦虑已从一个无法释怀的打击变成一个可以随意调侃的玩笑了，这其实是一个认知对称的过程。哪个我是错的？没有对错，就是时间未到而已。很多现在我们认识不到的事情，过一段时间就突然理解明白了。其实人与人之间的认知差距也就差在时间和阅历。经历的事情多了，共鸣也就多了，最终人与人会走到一个相互理解的阶段。但在那些作为媒介的事件还没有发生之前，要想更加高效地利他，尽量去选择一些认知和自己对等的人。

我自己在寻找利他对象时，也遭遇过"农夫与蛇"的故事，却也因此加深了我的信念，要找准自己的核心利他对象。我们的平台过去一直帮会员牵线搭桥，建立各种商业的连接，前期没有稳定的商业模式，就会帮客户卖货并从中抽取佣金。其中一个最大的问题就是一直被跳单。这原本并没什么，企业也是在探索期，总是要试错的。但是偏偏就遇上了一条"蛇"。

有一个合作方和我们一直合作得很好，总会要求我们帮忙一起卖货，我们也尽力地去帮助他们完成销售，可是没想到这个帮助却害了自己。为了快速获取我们平台客户的信任，这个合作方告诉客户我们在中间会收取巨额佣金，让客户对我们产生戒备和反感。这个做法看似很不划算，得罪平台以后不就会失去更多客户了吗？确实，合作方一方面要从平台手里夺取客户的信任，另一方面又不能得罪平台，所以他们也同时在我们这里挑唆，全部说成是客户的问题。一来二去，我们和客户的关系变差了，他们却两头都讨好。这样完美的"计策"看起来天衣无缝却经不起考验，只要我们和客户一核对，就会发现他们才是始作俑者，自然会结束和他们的关系。

一般人遇到问题都会先找一个责怪对象，然后才会反思自己的问题。所以一开始出现这样的问题时，我也认为是仅仅是个别客户和合作伙伴的问题。但这类事情一而再再而三地出现，并不是单一个案，而且渐渐有常态化的趋势，只是方式没有前面那个合作方那么恶毒而已。我才认识到事情的根源不在于某一个合作方，而在于人性的本质——客户自然是掌握在自己手中才安全。

为什么那么多大平台不会下场去帮助品牌方销售，而是只推送广告？对客户来说，买卖过程也希望自己掌握，一旦平台牵扯过多，就会被跳单。尤其是那些复购率高的产品，介绍人一定会被跳掉，如果你在帮助一个复购率很高的产品做推广，就不要寄希望于对方会一直付费，第一次能付就不错了。反而是那些很难复购的，比如家具、空调、医美等，会选择力捧渠道方，因为这些行业的复购率低，大多数靠渠道方带客，所以会保护渠道。这一切没有对错，只是商业的性质是否合理而已。用过"河狸家"的人就知道，在平台上预约了一个美甲师上门服务后，一旦加上微信，后面就不需要通过平台约人了，可以自己直接约，什么都掌握在自己手中才最踏实。

平台如果要掌握全局，就不能让品牌方和客户见面，比如把产品集中在自己平台上完成销售交付，这样就不会存在品牌商跳过平台的问题。如果必须要让品牌方和客户见面，可以参考的是"大众点评"的做法，先在品牌方收取上架费和广告费，然后进行推广。客户进入后，再由平台给客户补贴优惠券，让客户继续留存下来。只是这个做法需要巨额的资金支持，还要有庞大的客户基数才能实现。

平台不容易做，既要让品牌方有利可图，又要让客户留在自己手中，其中需要设计的商业逻辑很复杂。所以不妨简化思维，想清楚你的核心利他对象到底是谁。只有选择出自己的核心对象，才能给出最高效的利他方案。我的选择是会员，让所有合作伙伴都成为会员，我只要服务好会员，为他们的需求提供最大化的解决方案就可以了。

于是我们开始改变制度，锁定服务的范畴，只有成为会员才能参与资源匹配，但是过程中我们也不会再收取佣金，销售由会员自行去完成，平台只负责制造场景。这个规则出来后，果然大受欢迎，无论是会员还是客户都不再提防我们，客户数量反而提升了。改革后，也有很多会员跑来跟我说，他们不会在意我们赚多少钱，也希望我们能赚到钱，这样才能给他们举办更多好的活动。这就是"认知对等"的人出现了，我马上锁定这些会员提供更好的服务，把他们培养成未来的"韩信"，升级到下一个级别，真正绑定为深度合作伙伴。如果客户都和"韩信"一样，一饭之恩，千金相报，企业何愁做不大呢？

你的核心利他对象是谁？有的公司以产品为核心，有的公司以服务为核心，有的公司以渠道为核心，认真思考哪个才是你的核心利他对象。

制定规则，筛选利他对象

在想清楚核心利他对象这个问题后，还有一个重要的问题是，无论是利他还是社交，浪费时间去打动一个永远不会买单的客户，不如想办法去找到那些真正拥护自己的客户。比如我的公司是做平台的，看上去平台一定会和很多人合作，必须大而广，事实上平台需要人多没有错，但是在确定自己的核心利他对象后，必须对潜在客户进行筛选，才能真正维护好和发展好核心利他对象，否则平台也做不大。因此，我们的平台有几个原则是不能破坏的：

第一就是我们不做渠道，不直接帮别人卖东西。

第二是平台要保持中立，不会偏袒哪个品牌，而是让他们靠产品和服务取胜，平台只协助推广。

第三是我们只服务对等的人，我们的服务不是"海底捞"那种24小时贴身管家式的，而是一种互相扶持的伙伴关系，这就需要被服务的对象认知对等，所以会员想要拿到好的结果，就一定要来上课。

这三点正是我在筛选最适合自己基因的合作伙伴的依据。有的公司把顾客当作上帝，有的公司强调个性化，有的公司以产品至上，不同的人有不同的做事方式，这些方式都没有问题。而我们是提供资源匹配、人脉进阶的平台，有规则地筛选利他对象，把所有加入进来的人当作伙伴去连接，只有这样才能产生1+1＞2的效果。

无论是通过演讲、媒体的宣传，还是内部企业文化的塑造，培训、规则的制定，每一个运营公司的细节，都可以传播自己的文化，让懂的人更懂你，同时也可以让不懂你的人远离你。规则的制定就是这样一个作用，不但可以吸引认知对等的利他对象，也可以筛走那些价值观不符的对象。以小米为例，经销商要开小米小店，也有三条规则：

1. 禁止加价销售；

2. 禁止跨区销售；

3. 禁止通过黄牛、门店、闲鱼、淘宝（包括其他网站）等进行销售，此类行为一经查实，将冻结采购账户、收益，并且永久停止合作。

从这些规则中不难看出，全部是在保护核心利他对象 —— 客户的权益。小米选择用好产品、好的规则去维护客户关系，这些规则的树立是为了保护消费者，是很得人心的举措。它把所有资源都汇集到核心利他对象上，为他们提供更多的利他点，就能得到更多的回馈和认同。所以即使雷军宣布利润降到 5% 也不意外了，他只是把最多的利他点给了懂自己的人。反过来，这些人也会成为企业忠实的拥护者，高度认可企业的价值观，甚至会帮忙去传播企业文化。

总而言之，利他这件事虽然有遇到"蛇"的风险，但是只要记住利他的前提，你就不会变成"农夫"，反而会有超乎想象的回报。

无效社交

　　要了解怎样有效地进行社交，必须先了解什么是无效社交。无效社交，是指没有商业目的的盲目社交。大范围地社交，看上去积累了各种各样的资源，可是却无法带来经济上的价值，可以说是无效的。

　　任正非在华为的管理理论中多次提到了熵增效应①。无效的能量一直增加，如果不增加有效能量，能量就无法做功，最终系统就会走向衰亡，人、自然界都是如此。比如，一杯加满冰的水，如果什么都不做，冰很快就会融化变成常温水。人也是一样，整天吃喝不锻炼身体，要健康长寿也是奢求。任正非曾在 2015 年的"花园谈话"中描述过一个场景：封闭系统内部的热量一定是从高温流到低温，水一定是从高处流到低处。如果这个系统封闭起来，没有任何外来力量，就不可能再重新产生温差，也没有风。而水流到低处不能再回流，降雨量为零，那么这个世界将会成为超级沙漠，最后生命就会死亡，这就是热力学提到的"熵死"。

　　从理性的角度我们很容易看到无效社交的危害，所以要避免无效信息、无效人脉的汇入。但人是感性的，社交中最难攻克的是心理障碍。很多人在社交中太过重视感情，产生一种想要去讨好别人的本能，尤其是在面对面接触别人的时候，很难做理性的思考。我也是感性的人，所

---

① 熵是来源于物理科学热力学第二定律的概念，热力学第二定律又称熵增定律。熵增表现为功能减弱直到逐渐丧失，而熵减表现为功能增强。熵的概念贯穿于任正非的华为管理思想。在任正非看来，所有的管理、经营行为都是为了防止组织生命力的衰弱，抵挡组织从有序趋于无序，避免组织逐渐走向衰亡。

以特别了解战胜自己有多难。我们在社交中最容易背负的是人情债，比如你想要去认识一个更优秀的人，需要花时间去经营新的社交圈，但是身边的老友又一直喊你聚会，让你无法开口拒绝。你既想保住之前的关系，又想向前走，反复的拉扯实在是辛苦，不断地加大内耗。

我也曾经背负过一个社交中的人情债，分享这个案例也许能够帮助我们分析无效社交的原因。

无效社交的三个原因

我曾经为一位朋友和一位客户牵线搭桥，那时他们才刚刚认识，但那位客户就开始和朋友说我的坏话。他的动机是想要和我的朋友进行一个合作，而那个合作是由我主导的，或许在他的认知中，只要把我贬低了，他参加合作的概率就会增加，却低估了我和朋友之间的合作关系，事后我的这位朋友第一时间告诉了我。

类似的事情并不是第一次发生。之前我也为这位客户引见过我的另一位朋友，他也非常积极主动，介绍自己有多厉害，有多少背景。我的这位朋友并不照顾他什么面子，直接拒绝他添加好友的请求，让他有事直接找我。和陌生人初次见面，尤其是在有介绍人的情况下，不适合对别人的朋友太热情，要懂得循序渐进，如果是真的很想认识的人，最好请介绍人帮忙推荐，这是一个基本的社交礼仪。有了这两次无效社交的经历，我从心底里算是把对这个客户的人情债还清了，虽然他并没有给我带来任何损失，但在经过这些事后，我也不会再把他介绍给身边的朋友了。

从这位客户无效社交的经历中，我们可以总结出无效社交的三个原因。

1. 不清晰自己的目标。不知道自己要去向何方，自己都是迷茫的，就不能怪社交无用了。

2. 没找对圈子。在错误的地方一直投入，也会造成看上去绚烂而实际上走错方向的窘境。

3. 自我定位不清。这也是第二条的衍生问题，不知道什么是适合自己的，什么都去试一次，精力被分散了，当然效能很低。

这三个原因都是息息相关的，但根源都是目标不清晰。没有为社交设立目标，就不知道自己到底想认识哪一类人，这些人有什么特质，哪些和你是相符的，哪些是能在未来支持你的。没有目标也就意味着根本不知道为什么要社交。这不仅会导致无效社交，甚至会直接抹杀了对社交的动力。

很多时候，我们都败在自以为是上，自作聪明地以为自己找到了捷径，可以轻松地撬走别人经营的关系。也许有时候你可以用利益侥幸成功，但是更多时候，你根本不知道对方的深浅，连别人为了经营这段人脉付出了多少努力都没有摸清楚，就贸然插进去，试图以未来的利益诱之，这样的社交注定是无效的结局。

细分社交目标，击破无效社交

有人要问了，实在没有目标的人要怎么社交呢？比如我认识的一个做服装供应链的人，在销售环节完成后，完全没有社交需要，只要待在家搞设计就可以了。他也去过社交场合，但是觉得没意思，我就问他，什么人对他来说是不无聊的。他说喜欢能给自己带来启发的人，而不是泛泛之众。那就很简单了，有启发性的、高质量的社交伙伴会在什么地方出现？秀场、论坛、协会……设定目标，然后一点点靠近目标圈层就可以了。不存在没有目标的人，只有不知道在哪里找到目标的人。

生活中的社交无处不在，儿时在学校跟同学在一起学习、玩耍是社交，长大后在工作中与同事一起完成一项工作任务是社交，和朋友聚会联络感情是社交，生意场上洽谈商务是社交，活动现场结识新朋友、新资源也是社交……社交跟我们每个人都息息相关。对号入座，看看下面的场景你占了几条？

场景一：

参加一场高级品牌活动，添加了一群好友，和每个人合影发朋友圈，回家后一个真正认识的也没有。在这个场景里，你虽然和别人产生了连接，但没有对他们进行了解，那么这些人在手机里只是一个名字，一个代号而已，不能产生价值。

场景二：

邀请一群人来自己的新会所吃开张宴，吃完喝好人走光了，结果没有一个回头客。在这个场景里，为什么你已经付出了，还是没有得到回馈呢？反思一下，你在付出的过程中有没有与对方产生关联性呢？在选择对象的时候有没有思考，他们是不是你的精准客户？

场景三：

好不容易结交了自己崇拜的大佬，鞍前马后地为大佬服务了三年，结果颗粒无收。这个场景说明了什么呢？遇到了比你强的人，服务大佬是利他，但不能忘了自己的商业目的。那么如何才能共赢？

场景四：

毕业后兄弟们聚在一起，其中一个哥们儿说要装修，让你做了设计图，结果你一分钱没拿到，还白贴了工钱。没有为商业设计规则，单靠感情行事，没有在行动前就把权利义务讲明白，如何能中正地表达自己的想法呢？

场景五：

刚认识一群新朋友就马上向他们积极地宣传自己，销售自己的产品，结果惹来大家厌烦，直到被踢出群。明明客套话也说了，红包也发了，销售技巧也过硬，为什么就是没人喜欢呢？人和人之间真的可以平等吗？

综合以上种种场景，得出以下几种无效社交的社交状况：

1. 只是加了微信，缺乏联系，被删除了；

2. 被别人诋毁；

3. 以自我为中心，不知道问题在哪里；

4. 总是被跳单；

5. 总是卷入各种是非中。

出现这些社交状况的核心问题在于没有明确的目标，最终导致社交无法落地，无法变现。而针对具体问题，我们又可以发现社交中识人很重要，商业目的设计很重要，有效的沟通很重要，前期的规则制定更重要，正确的利他也很重要……但是，社交真的这么复杂吗？其实，我们对应坠落层次，将目标进行分层，可以将这一问题变得更加清晰易懂。

1. 爱：社交目标是获得更多人的认可；

2. 理想：社交目标是实现自己的理想，或是推广自己的某种理念；

3. 社会认同：社交目标是获得社会影响力，提升社会地位；

4. 生存需要：社交目标是赚钱，比如找到客户、合作伙伴和渠道等。

接着，再把实现这四个层次的社交目标进行细分：

1. 如何获得认可？做好人好事，尽可能地对他人付出；

2. 如何传播理想？找出志同道合的人，建立传播途径等；

3. 如何获取社会地位？提供有价值的产品和服务，在适合的场合露脸，提升演讲能力；

4. 如何找到客户？尽可能在有客户的地方出现，练习自我介绍和卖点塑造，想办法和客户建立连接，扩散和传播自己的产品资料。

然后再提炼一下要达成这些社交目标的途径，你会发现并不需要掌握那么多社交技巧，成为一个面面俱到的社交达人。核心只有两条：

1. 利他；

2. 找到对的人。

只要知道自己要认识的人在哪里，就可以针对性地进行社交铺垫了，你离有效社交就更近一步（表 2）。

表 2　社交目标细分表

社交目标	坠落层次	实现途径	
爱（获得更多人的认可）	爱	做好人好事，尽可能地对他人付出	利他；找到对的人
理想（实现自己的理想，或是推广自己的某种理念）	信仰理想	找到志同道合的人；建立传播途径等	
社会认同（获得社会影响力，有社会地位）	社会地位	提供有价值的产品和服务，在适合的场合露脸，提升演讲能力等	
生存需要（赚钱，找客户，找合作伙伴和渠道）	物质欲望	尽可能在有客户的地方出现；练习自我介绍和卖点塑造；想办法和客户建立连接；扩散和传播自己的产品资料	

有效社交

　　我的消费准则是不在非会员的地方消费。吃喝拉撒睡，生活中要消费的地方很多。只要我有需求，肯定在自己会员那里消费，这叫肥水不流外人田。对内，我的内心会感到愉悦，觉得自己是个懂得付出的人；对外，合作伙伴会觉得我这个人靠谱，下次有机会也会帮我推荐。简直是一举多得啊。

　　虽然社交并不局限于时间长短，但俗话说"放长线钓大鱼"，社交的目的不应该只着眼于当下，目光需要放得长远，有效社交一定是带着目标的长期社交。那么这样的有效社交，究竟可以给我们带来什么呢？

　　周文王为了收服姜子牙，不惜以千金之躯为姜子牙拉车，徒步走了八百多步，于是姜子牙允诺保周朝八百多年。周文王死后，姜子牙继续帮助他的儿子周武王管理朝纲，最终打败商纣王，赢得天下。当然此前姜子牙为能引起周文王的关注，特意在渭水边用直钩钓鱼，也证明了他带着目标行动。

　　起初在看这个故事的时候，我感叹的是想不到要得到一个人才需要付出这么多。后来经历过很多事，才发现自己忽略了这里面还有一个更有意思的智慧，就是直钩钓鱼。姜子牙直钩钓鱼和周文王拉车，与"一个愿打一个愿挨"有异曲同工之妙，他们都有自己明确的目标，就是让对方为自己所用。在这个目标之下，达成一致的是都愿意被"利用"。这就是有效社交的一个大前提，必须在双方有共同需求的情况下，合作关系才会成立，如果没有共同需求，只有一方有单一需求，合作关系是很难建立的。

101

因此在长期社交的形成过程中，如果要使自己的目标能够有效设定并达成，首先要具备的一个能力就是发现需求（图 13）。

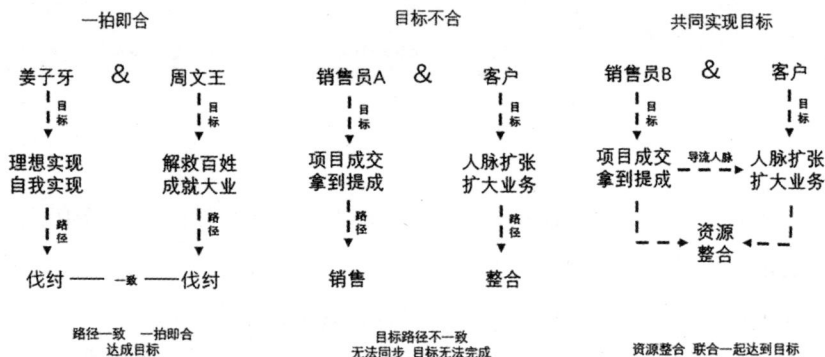

图 13　发现需求的三种情形

发现需求

找出自己和对方的需求，并不是一件容易的事，需要用心去聆听，因为人们往往"心口不一"。人们能够轻易说出的大多不是自己的第一需求，而是第二或者第三需求，甚至是与第一需求完全相反的需求。

真实的需求不一定在语言中呈现，而是藏在结果里。比如有一个刚刚认识的朋友对我说，他知道我的文采很好，所以想让我帮忙给产品文案提点建议。看上去这是他的第一需求，而我也非常认真地看了他的文案，并指出了两个可以修正的地方。但是他马上否定了我的修改建议，并且表现得很抗拒。从他的反应中我意识到，他并不是真想让我给他提意见，而是想让我了解他在做什么。所以我没有继续说下去，过了一会儿，他果然开始跟我介绍自己的产品。基于这个结果，我明白他真正的需求是想合作，而不是请教问题。

说到这里，也许你会觉得人的需求怎么会这么复杂？其实这并不是故意的选择。在具体情境中，有时直接表达真的是非常难，并且不一定会产生好的效果，碍于情面或者为了给双方留下回旋的余地，人们就会选择性地隐藏自己真实的需求。这就很考验聆听的人，到底能不能听懂对方的弦外之音。这世界上每个人都希望能够找到知音，希望别人能理解自己，但是换位思考，是不是别人也很希望被理解呢？那么如果你愿意先去理解别人，就一定是掌握先机的。

著名的心理学家马斯洛认为：当我们探索人究竟想从生活中得到什么时，我们就接触到了人的本质。对于贪吃症的人来说，对冰激凌的欲望可能实际上是一种对爱的欲望的间接表达。如果情况确实如此，这种对冰激凌的欲望就成了极为重要的动机。但如果冰激凌只是被当作爽口的食物，这种欲望相对来说就不那么重要了。如果只看这些欲望表层的价值，忙于处理征兆而不是潜伏在征兆后面的东西，那么自己将处于永远的混乱状态。

在社交场合，每个人对待事物都有自己的认知，对我来说，不被认同没什么大不了的。但是对于另一些人来说，被认同是排在财富之上的。他们根本不想要钱，只是想得到认可，在这个需求动机被满足前，他们是听不进任何和财富有关的建议的。而还有一些人嘴上说着不在乎钱，却是实实在在的利益获得者，这就代表在他的底层动机中，赚钱比其他事情重要。

如果只看表象，我们会对这些人的动机产生疑惑，为什么人们总是追求自己得不到的东西？而如果从马斯洛动机论的角度去看，其实他们产生追求的动机始终是相同的，只是自己并没有意识到。所以发现真实需求这件事确实是很复杂的，那么我们怎么去了解动机呢？马斯洛还说，如果说全人类的本质需要是相同的，通过自我理解，可以达到对全人类的理解。

不妨推己及人地去想想如果是自己，自己想要被怎样对待呢？这样答案就呼之欲出了。如果实在不懂对方想要什么，可以直接问："你想得到什么呢？可以直接告诉我。"如果对方仍然感到不好意思，就站在他的角度去思考：如果你是他，你想要什么？然后再继续问他是不是想要这个，直到和他对目标的理解达到一致，真实的需求便浮出水面了。

洞察需求，在商业上的确从来都不是一件容易的事情。汽车大王亨利·福特曾经说过一段话："消费者说要一匹更快的马，其实他们真正需要的是汽车（更快的交通工具）。"你的客户一定有自己的需求，这是很正常的事，没有需求大家还有什么动力去奋斗呢？如果你可以坦诚地沟通自己对需求的理解，自然能换来对方的敞开心扉，就算对方不能和盘托出，至少也能琢磨出一个前进的方向了。

愿景整合

在找出对方的需求之后，最关键的一步在于双方的需求如何才能保持一致，只有建立在共赢的基础上，有效的社交关系才能长久地稳固下来。在此之前，我必须强调一点，共同需求的基础一定是相同的价值观，在这个基础上才能真正保持目标的一致，彼此携手走得更远。表面上如果对方的目标是想要赚很多钱，而你能够帮助他赚很多钱，看起来目标也可以保持一致。但如果对方是要用擦边球的方式快速赚钱，而你的目标则是脚踏实地安全赚钱，这就是一个无法化解的价值观冲突，是共同需求中潜藏的暗雷。一个人想安全，另一个人想要冒险，这是没办法将就的，长期社交也就无法实现了。

通常企业内部会有使命和愿景，而员工虽然表面上是认同的，内心却都有自己的小算盘，怎样才能让他们认识到自己的小算盘和企业的使命愿景是一致的呢？这就需要一个对大家来说是共赢的愿景整合过程。我就曾经给"世界 500 强"之一的人力资源公司 FESCO Adecco 外企德科做过"愿景管理"的企业内训，这可以帮助主管和员工实现目标的一致。

人往往是站在自己的角度去考虑问题的。电视剧《开封府》中有这样一段场景：宰相问包拯，为什么大家都在国家这口锅里吃饭，却完全不考虑锅的安危呢？包拯的回答堪称经典——因为他们知道这口锅迟早会破，他们想要的只是在锅破前多吃几口饭，省得以后就没有机会了。

这番对话非常现实地点出了管理层和基层员工的核心矛盾：从主管的视角看，公司有风险大家都会倒霉；而从员工的视角看，要在公司倒霉前最大化地保障自己的利益。这就产生了认知不对等，而这样的团队是没有杀伤力的，也没有什么发展空间，是对彼此最大的不负责任。只有当员工和主管能站到同一个视角去看待风险，他们才能做到认知对等，共同体验到危机感，从而真正成为彼此身后互相支持的后盾，拧成一股绳。

从前我非常羡慕那些大公司的高管，几乎每一个人都具备演讲的能力。我就在想，为什么我的团队不行呢？后来经过反思，我才意识到并不是我的团队比别人少了什么，而是每一次要培训的时候，员工一表现出为难，我就在想：哎，算了，大家如此为难，不做就不做吧。这样自我放弃，最终让员工变成了温室里的花朵。其实一个主管无法替员工判断他们到底需不需要这些能力，虽然不能要求所有人都能理解主管的视角，但至少应该让他们一起体验前方到底面临的是什么样的考验。商业的本质是透明，社交的本质也是透明。任何隐藏的地方最终都可能会变成被攻击的点，而一旦把这些彻底地敞开，也就没有什么秘密可言，大家都在同样的位置，一致对外解决问题，这就是愿景整合的一种落地运用。

人和人的关系其实非常容易被考验，只要你和十个人待在一起超过三天，其中辛酸苦辣就会有所体会了。所以团队旅游是非常考验人性的，之前的好兄弟、好姐妹，可能会因为一张床的大小争个头破血流。所谓距离产生美，不过是一厢情愿。真的要通关，就必须先通过整合这一关。

知行合一

企业管理中愿景整合的案例也可以应用在个人身上，也就是说把个人在不同阶段的目标整合成一个长期目标，把为了实现目标所做的每件事也整合起来，从而让人更有效地为实现目标而行动，以知行合一的状态达到有效社交。

很多人会活在一种自我幻象里，学了点皮毛就觉得自己好像已经成长了，但周围的人并不这么觉得。那成长的标准到底是什么呢？

成长的第一个标准：你不妨回忆一下，过去你因为某个点生的气，现在还会生吗？

比方说在我十五六岁的时候，有人说我不化妆和化妆差好多，我会非常气愤。现在再有人说，我就会一笑置之。为什么我不介意了？很简单，因为我的内心强大了，所以我可以知行合一地做到拿这件事来开玩笑。有的人嘴上说自己成长了，其实生气的点还是和二十年前一样，这种行为就会让别人觉得幼稚。

成长的第二个标准：过去听不进去的东西，现在观点改变了吗？

比如说以前我奶奶老对我唠叨，让我打喷嚏的时候不要对着人，我觉得她可烦了。但是现在我就觉得这件事看似很不起眼，却是不能忽视的礼仪细节。我们每个人身边都会有这样唠唠叨叨的"唐僧"，年轻的时候你紧紧地捂住自己的耳朵，慢慢地你会发现他们才是最爱你的人。

所以什么是成长？这就是成长。如果你自始至终都感受不到周围人对你的善意，也许你还没有长大，还活在"自己是对的"世界里，看不到外面的天有多高。现在你再回想看看，你有成长吗？

如果答案是肯定的，那么恭喜你，你可以快速地整合周围人的愿景，让大家的目标保持一致，高效地实现配合。具体如何去做，我设计了一个"时光机器"的游戏，来演示这个整合过程。

第一步，先找出自己的小愿景，也就是你想要实现的是一个什么目标。比如是买房，还是换车，还是获得更大的学习和成长空间？找一张纸，把这些目标写下来。

第二步，问自己一个问题，如果时光倒退十年，你会做什么事情？得到的答案千奇百怪，比如说有人想要去买股票，有人想要跟初恋好好道别，有人想减肥，大家的愿望基本上都是想弥补过去的遗憾。而几乎所有人都说时光倒流的话，一定要好好学习。

第三步，问问自己，如果现在就是十年前，此时此刻，你能直接去做这些事吗？比如说立刻开始学习，马上去买你想要的股票，跟爸妈拥抱……回答这个问题，并把你做得到和做不到的理由写出来。

这个问题很有意思，你会发现有很多理由都跑出来了，比如没钱、没有时间，或者说来不及了，人家已经结婚了，等等。仔细观察一下，这些理由和你十年前不去做的理由是不是有点像？当年你为什么做不到？那些阻碍现在就不存在了吗？只要阻碍依然在，过去做不到的事情，现在也做不到。人的痛苦在于一直试图把所有的事情分开，买车是一件事，买房是一件事，工作是一件事，社交是一件事，陪伴家人又是另外一件事……每一件事情的范畴似乎都不一样，这是一种分裂的痛苦，而且分裂得越多就越痛苦。

所有阻碍行动的因素，比如情绪上的障碍或者是工作上的局限，根源都在于我们把知和行分开了。王阳明在《传习录》中说，知是行的主意，行是知的功夫；知是行之始，行是知之成。意思是一个人心里有了一个想法，这就是行动的念头萌生了，而一个人切切实实的行动，就是使这个想法得到实现的功夫。所以说，产生去做一件事的念头，就是成功的开始，而笃实一贯、不达目的决不罢休的行动，则是实操的成果。

想要实现十年前的愿望，让自己不再后悔，知行就要合一。每一件事情的维度看似不同，但其实可以整合成一件事。比如说你想要的是买车，再看看要通过什么样的方式去买车。比如要通过工作。看上去买车和工作是两件事，但整合起来看，实际上只要获取车子的途径需要通过工作来实现，它们就是一件事。如果买车带给我们的是快乐，那么在实现这个目标的过程中我们也会感到快乐，这就是达到知行合一的状态了。我们可以有意识地训练自己，把实现目标后的那种快乐的感觉放大到实现目标的每一步过程中，让我们的大脑接收到同样快乐的频率，而不是分裂地去处理那么多不同的信息，行动自然更有效率。这就是把不同阶段的目标整合成一个长期目标的意义所在——通过整合一个长期目标，把这个目标带给我们的终极感受蔓延到生活的每一个层次，并把每一件事情都整合起来变成实现目标中的一个步骤，这样就能把知行合一融入生活中的每一天去练习。

长期目标

很多人说"远见"是天生的，是属于少数佼佼者的天赋。其实没有那么神奇，把所谓的"远见"拆分出来看，就是长期目标的设定过程而已。和"远见"一样，有效也有分短期和长期，长期的有效自然需要长期的练习。我很喜欢剖析"奇迹"和"天赋"，让它们有可操作性，对于普通人来说也唾手可得。媒体喜欢造"神"，但真正的神话没有一个不是经历时间淬炼出来的，一个普通人也可以通过训练让自己不凡。

我的人生目标从始至终都只有一件事，就是要追求幸福。我从小就是过敏儿，情绪和身体都很容易"过敏"，加上学习成绩也不好，几乎一无是处，我不知道生命的意义是什么。直到有一天，我遇到了第一个重视我的老师，他说我的文采非常好，让我不要放弃写作。在向上追求的过程中我听到的都是"你不够好，所以你要努力"这样的声音，很少有人告诉我"你很好，你可以更好"。后者让我燃起了奋斗的火花，我也开始意识到，自我肯定在一个人自我价值实现的过程中是多么重要。

一个不能认识自我价值的人是无法感受到幸福的，而我在寻找自身价值的过程中又发现，要获得真实的自我价值必须能够赋予别人价值，这样才能得到长久的幸福感。所以我开始去分享和利他，当分享和利他与自己的终极目标是相关的，那么在这个过程中就不会觉得受委屈或是不公平。我通过分享和利他积累了很多合作伙伴，他们助力我实现梦想，我才会愿意去学习如何沟通，并通过这种学习和修正，获得更好的人际关系，帮助自己进一步去实现目标。这样一层层地叠加，直到最后我所做的每一件事都是指向我的人生目标的，那么人就是知行合一的，带着这种知行合一的状态去做任何事情都是专注的、一致的，也能够吸引价值观相似的人来到自己的身边。

创业过程就像西天取经，其中遇到的九九八十一难，没有一关是简单的。如果割裂地去看每一次困难，大多数人是没有信心走下去的；但是如果心中有坚定的取得真经的目标，那么一切艰难险阻都可以克服。这就像是一只手有五根手指，每一根都有自己的小目标，五指分开了，就会进退两难。但是如果把五根手指短期的小目标整合起来变成一个终极目标，它们就能凝聚成一个拳头，可以快速出拳，收拳，再出拳，直到达成自己的目标。

要让社交有效，需要设计一个长期目标。而长期目标的设定，需要先有一个终极目标，把这个终极目标变成做事的准则，那么做每件事情都是自己的选择，也都是为了自己，这样就不会执着于自己的付出，被过程中的情绪影响到自己前进的脚步。从长期目标来说，不要去纠结于眼前的得失，没有人可以"一步登天"，为自己设定一个长期目标并进行整合吧！

价值观

《中庸》说："道也者，不可须臾离也；可离，非道也。是故君子戒慎乎其所不睹，恐惧乎其所不闻。莫见乎隐，莫显乎微，故君子慎其独也。"我非常喜欢这句话中的"君子慎独"的意境，它的意思是越是在隐蔽、没有人看到的地方，自己独处的状态下，君子越是要严格要求自己，做到表里如一。那么要如何做到"君子慎独"呢？我相信价值观一定是君子独处时照亮内心的一盏明灯。很多时候，我们在为人处事中很容易被一些外在的东西所影响，但是当剥离所有外在的因素，那个掌控着我们一举一动、一言一行的核心一定是价值观。

价值观到底指什么？

价值观无论是在企业管理还是在与人社交中都是非常重要的，简单地说，它是一个可以应用在生活的方方面面的行为准则。

比如在发展事业的过程中，一定会遇到观点不合的事情，什么时候可以退让、什么时候必须坚持，这都是很难回答的问题。我常常看到那些成功企业家在面对巨大考验的时候，怎样力排众议坚持自己的意见，最后扭转乾坤的案例。每次看到他们这样的品质我都会觉得自卑，好像自己距离他们还有十万八千里。但我同时又有不服输的劲儿，喜欢解构神话，去分析他们身上普通人也能学习的地方，再通过练习让自己具备这样的品质。

众所周知，乔布斯是 CEO 中的传奇人物，他非常重视产品，打造出了一款改变世界的手机。这样一个优秀的领导者，怎么会被自己的公司开除呢？因为乔布斯的性格实在是太臭了，散漫自由，随意更改公司制度，越来越多的人都对他感到不满。正好 IBM 推出的个人电脑大量抢占了苹果的市场，所以乔布斯直接被董事会罢免了职位。

但是到这里，故事才刚刚开始，他又是怎么重回董事会的呢？《乔布斯传》中写到：他在离职后，创办了自己的新公司，收购了濒临破产的皮克斯动画公司，推出了一系列知名度很高的电影，获得了成功。而与此同时，苹果却由于缺乏创新，连续换了三个 CEO 都无法摆脱破产的危机，最终乔布斯又被董事会请了回去，再次被任命为苹果的 CEO。而他也成功地带领苹果重新回到霸主地位。

在这个耳熟能详的故事中，我们通常看到的是事件的戏剧性发展和乔布斯扭转乾坤的结局。如果我们从价值观的角度去看，这里面一系列的问题，有哪些和价值观有关？你可能很快发现，高度重视产品和创新思维是乔布斯的价值观，而他的臭脾气则是一般因素。其实很多 CEO 的脾气都不太好，同样脾气很臭的还有埃隆·马斯克，也是出了名的不好相处，但是这和他要带领人们飞向火星并没有什么太大的关系。我们在与人相处时，吸引我们注意力的往往是一些外在的东西，比如对方的谈吐、修养等，因为这些都是比较容易被观察到的。可是很多人虽然外在的条件很差，依然能获得很大的成功，这时如果你仔细去分析，就会发现他们的价值观是利他的。

如果一个人的价值观和你是吻合的，那么相处过程中产生的摩擦都是可以包容和退让的；如果是价值观不同但相处很好的朋友，反而不能在一起共事。这就是为什么有些人会说朋友和家人最好不要一起做事，以朋友身份相处起来不容易发生价值观的冲突，但做事的时候一旦发生价值观冲突，就是水火不容的。比如你可以忍受一个朋友每天不思进取，吃喝玩乐，但是当他成为你的员工，拿了薪水却不干活，每天把公司资源拿去享受，相信你们马上就翻脸，做不成朋友了。道理就是这么简单：

价值观不同的人可以做朋友，但是不能共事；而价值观相同的人，既可以做朋友也可以共事。

我之前有过一个刚开始合作就分道扬镳的合伙人，分开的原因就是大家的价值观不同，所以无法包容彼此的缺点。我要做的是一个先去付出的平台，但是他想要马上赚钱。所以一旦利益受损大家就会争吵，自然会分开。这么多年来，几乎所有一上来就希望盈利的合作伙伴和员工都消失了。我一直不知道是什么原因，直到开始了解价值观，它无形却无时无刻不在影响着企业。

如果投资人是希望快速盈利，在我们公司是没有希望了，我们必须在和自己价值观不冲突的前提下，走出一条自我成长的路，这需要时间去探索。经过了 6 年的时间，我们才锁定做社交知识普及。这么多年，加入我们公司的人几乎都成了好的朋友和伙伴。这些人也不是完美无缺的，我们常常会争吵，比方说我这个人的嘴特别毒，经常会损身边的朋友，而他们当中有些人也特别不靠谱，常常偷懒不干活。我们在公司开会做决策时甚至常常因为意见不合而拍桌子，但这些从来不会阻碍我们继续一起前进，因为我们的目标和价值观都是一致的，宗旨都是为了怎样更好地实现共同的目标，所以这些争吵反而促进了公司的发展。每一次争吵都让我们看到事情的正反面，然后做出更加有利于整个公司的决策，所有人都能一条心去执行。

这些吵架和价值观不和的吵架是截然不同的，这种吵架可以吵出一个共赢的结果，所以并不可怕，产生了情绪也可以去消化和接纳。而价值观不和的争吵，哪怕表面上看不出火气，却因为方向南辕北辙，绝不可能达成一致。

如何找到价值观相同的人？

如何找到价值观相同的人呢？他们不但可以共事也可以成为朋友，

我总结了四大标准分享给大家：

利他：有利他之心、愿意付出的人；

平等：双方平等，没有高低贵贱之分；

约束：树立规则，遵守规则，对于那些不守规则的人，要避而远之；

共赢：利他不是牺牲，需要达成共赢。

首先是利他，找到有利他之心，也就是愿意付出的人，否则付出一直得不到反馈也会对社交感到失望的。其次是平等，平等是关系稳定的基础，如果有人处于高位，有人处于低位，关系就很难保持平衡。其实人和人就是互相学习的过程，今天你能帮助我，明天也能被我帮助，这样的关系才是非常舒服的。再次是约束，学会树立规则，规则不是用来控制别人的武器，而是让关系可以维持下去的保障。规则不仅仅适用于陌生关系的维护，熟悉的关系也需要规则来树立界限。再好的朋友，不守规则都会让人心寒。最后是共赢，利他不是牺牲自己去成全朋友，而是需要达成共赢。

也许有了这四条标准，你仍然有些不知所措，不知道如何将这四条标准进行量化，再落实到实践中去。那我们再向下深入一点，我给大家提供一张行为特质评估表（表3），帮助你们从细节上筛选价值观相同的人。

表3　行为特质评估表

行为特质	表现形式	是	否
长期主义	身边有没有长期交往的朋友	有（列举你知道的3个）	无
毅力	有没有坚持在做的事情	有（列举你知道的）	无
团队协作	有没有团队意识	有（举例说明）	无
韧性	遇到困难时的处理方式	勇于面对	推卸责任
教养	对待服务他的人	尊重	无视

第一项就是长期主义。他身边有没有长期的朋友？如果有，再看看这几个长期朋友身上都有什么特质，就大概可以推测他是什么人了。物以类聚在这里很好用，这一项起码可以打70分。如果这个人连一个好朋友都没有，就要小心了，到底是什么原因让他难以相处？

第二项是毅力。他有没有坚持在做的事情？比如一个人今天卖面膜，明天卖保险，每个月都不一样，每做一件事都让别人支持自己，久而久之就没人相信他了。

第三项是团队协作。他有没有团队意识？还是任何事都是孤军奋战，只有他是最厉害的主角，其他人都是不上镜的配角？这样的人即使合作了也不会感恩合作伙伴，做得好是他的功劳，做不到是你的错，这种人也很难共事。

第四项是韧性。他平时遇到困难是勇敢面对还是选择逃避？如果是喜欢逃避的人，千万别觉得他的逃避和自己无关，因为事到临头你还要帮对方去找借口，还要处理他留下的烂摊子。

最后一项是教养。他对待服务他的人是什么态度？如果觉得自己花钱就是大爷，随意去践踏别人的尊严，就是没有教养的体现。真正的教养，是谦卑而优雅的，不是不可一世。

这张表真的很好用，不但可以拿来做社交的人品测试，还可以用来寻找伴侣。找对象可比找合作伙伴要严谨得多，很多人都觉得身份背景很重要，但是价值观却是更关键的相处指南。通过这张表你可以审视对方是不是一个适合长期交往的人，通过筛选来提升交友的品质。

价值观：避免无效社交的"定海神针"

学习社交的目的，不是教大家盲目地去交一大堆朋友，而是要精准社交，落地社交，高效社交。当然，任何事都不是万无一失的，就算我们学习了很多方法，依然可能"交友不慎"。或许只有知道"交友不慎"

的后果究竟是什么，我们才会彻底理解有效社交的意义。

企业家 A，是一个社交爱好者，喜欢广交朋友，人人都爱他。但是他从来没有清晰的目标，朋友似乎很多，对于事业却无实质的帮助。很多人会进入这种误区，就像是门客众多的孟尝君，虽然最终在需要鸡鸣狗盗的时候，门客们派上了用场，但不是每个人都可以成为孟尝君。因为前提是你得长时间养得起这么多门客啊，如果没有这个实力，还是设定目标，小步前进比较踏实。

企业家 B，有明确的目标，他希望能从传统制造业转型去做互联网电商。于是他有针对性地去接触大量的互联网行业人才，不断请教、求助、结识运营高手，直到找到自己新项目的合作伙伴，最终成功转型（表4）。

表4　交友维度对比

交友维度	企业家 A	企业家 B
交友方式	广交朋友	选择性交友
联络方式	不常联系	常联系
跨圈维度	杂乱无章	聚焦圈层
交友质量	参差不齐	志同道合
社交结果	无法变现	有效变现

A 的交友方式是广交朋友，什么人都去认识，但是一个人的时间精力是有限的，认识的人虽然多了，交情自然就浅了；而 B 是有针对性地交友，关系的发展可以更深入。在联络方式上，A 的状况一定是"雨露均沾"，做不到每个人都常联系；而 B 却可以做到面面俱到。在跨圈维度上，A 的方式是杂乱无章的，如果你已经功成名就或者有孟尝君的实力当然没问题，破圈也是必然的；但如果是社交初期，B 的方式会更加便捷精准，聚焦在跟自己工作有关的圈层上，一次性击穿阈值，省时省力。最后的结果，A 一定是很难变现，而 B 却可以有效变现，让社交

成为自己工作和生活的助力。

企业家 B 避免了无效社交，成功地进行了资源的变现。当然，从设定目标到选择圈层，再到达成目标，中间至关重要的一步一定是价值观的认同。很多人都觉得价值观虚无缥缈，是飘在天上的，可望而不可即，其实价值观是最落地、最实在的东西，它是避免无效社交的定海神针。

不管是日常交友还是寻找合作伙伴，都需要找到价值观相同的人，之后的路才能走得远。通过价值观的吸引同样也可以扩大自己的人脉圈，比如说樊登，他能够迅速形成读书会的裂变，就是通过价值观的吸引。每一个社群能够长期稳定地活跃运营，核心都是这个社群有没有自己的价值观，群主的吸引力则源于他的价值观是不是被群友认同。

有时候我们会觉得有目标的人太势利，但其实有目标的人往往是长情的。真正的朋友不在于一时，当你实现目标，真的朋友会祝福和感到高兴，而不会阴阳怪气地讽刺你。在社交场合，只要拥有过硬的人品，以及找到价值观相同的伙伴的能力，看到长期收益的能力，带来经济价值的能力，就能实现有效社交。

在认识了价值观和社交的有效性之后，就要进入练习时间了。要保持社交的有效性，就要养成记录的习惯。为什么呢？在生活中我们每天都会遇到很多事，见到很多人，但在邓巴数理论中我们已经知道认识的人多没有用，每个人最多只能保持与 150 人的连接。社交的幸福感来自社交的质量而不是数量，来自沟通的深度而不是频率。

从研究数据可以看出，"80 后""90 后""00 后"的年轻用户微信的好友数量要明显高于年龄较长的"70 后""60 后"用户，但是大龄用户实际有交流的好友数反而更高，这说明年轻的用户只是加一下好友，实际上有交流的没几个。

所以养成记录的习惯有助于我们在今后更好地梳理社交资源。如何记录信息，要记录哪些信息呢？可以参考这张每日记录表（表 5）：

表5　每日记录表

今日事项	时间	完成状况
认识了谁	
对方的需求是什么	
目标策略	
设立目标	
今天做得好的是：	今天还要提升的是：

成功社交的逻辑

邓巴数理论告诉我们，社群规模的增大，会为个体带来两个主要的增益：一是安全（抵御天敌、防范他人）；二是一定程度上的食物保障。社交行为虽然很复杂，但是背后的逻辑规律其实也离不开这两个中心。围绕这两个中心，可以梳理总结出五条成功社交的逻辑：安全感、荣誉感、盈利点、价值观和参与度（如图14）。

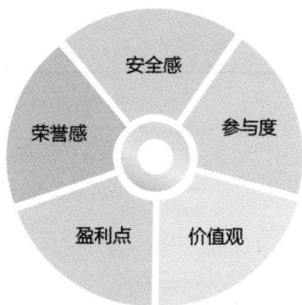

图14 成功社交的五条逻辑

首先请你思考以下几个问题：

1. 和你交朋友是安全的吗？

2. 你能让别人感受到荣誉吗？你的荣誉感可以分享给他们吗？

3. 你有盈利点吗？它够透明吗？

4. 你的价值观是什么？

5. 身边的人愿意参与你做的事吗？他们投入的参与度如何？

也许你一时还有些困惑，接下来我会一一举例阐述这五个成功社交的逻辑点，然后你再来回答这些问题。

安全感

从古至今，人们在社交中主要想获得的是安全和保障。获取资源和机会固然很重要，但首先要得到保障的关键要素是安全感，在安全感缺失的情况下，其他东西都是次要的。因为人都是趋利避害的，利益固然重要，但首先要保证自身避害，才能够享受获利的结果。

在社交场合，常常可以看到有人试图用威胁的方式去控制别人的思想。比如展示自己具有压迫性的背景，或者告诉对方得罪自己会有怎样的后果。而喜欢用威胁和恐惧去控制别人的人，要么没有足够的社会经验，要么自身并没有价值。实际上，无论拿什么去威胁别人，这种威胁始终是受外在因素制约的，是不能长久的。一切基于背景上的强大都不是真正的强大，经不起时间的考验。人和人的地位虽然有高低差异，但最好的关系是保持平等，因为所有的不平等最后都会被推翻。

纵观历史，古今豪雄，善始者繁，克终者寡。日中必移，月满必亏，泽满则溢。外力始终是短暂且有限的，名气也好，背景也罢，都是些虚无缥缈的东西。哪怕仗着外力，让弱者一时臣服于强者，当弱者一旦有了力量也会第一个推翻那个高高在上的人，这种状态在心理学上叫作权威冲突。意思是人会本能地在心理上推翻站得比自己高的人，哪怕表面看上去有多么崇拜，内心都在较着劲："凭什么是你比我厉害？我要证明我才是对的。"

那么在社交中，我们要如何才能真正让社交对象感受到长久且稳定的安全感呢？

第一是承诺。我之前认识一位金融圈大佬，他连续骗了我三次，于是这个人再也无法进入我的社交圈。第一次这位大佬说想认识我的一位朋友，谈一个医院的项目，让我帮忙引荐，我就带他去了。场面上一切都很顺利，但事后我问他对接得如何，他突然翻脸说自己很忙，哪里会记得要和这个人做生意。第二次大佬又主动联系我说，要为我的会员讲课，还可以介绍其他投资机构的大佬一起给会员讲课，结果我让同事去跟进的时候，他又开骂了："我们这些投资人很忙的，哪里有空给你们讲课。"这一次我已经懂了，不用说，一定是他没搞定。到了第三次，大佬又来找我，说我的项目很好，他要投资，我再次上钩，很快到了落实的时候，猜猜怎样？自然他又故技重施了。

这三次上当让我明白，别听人家说什么，要看承诺的结果。一个言出必行的人，就是有领导力，能够在社交中给予对方足够的安全感。而那些吹牛讲大话的人，只能给人一触即破的"粉红泡泡"。那些"讷于言，敏于行"的人，就算不善于用言语包装自己，也一定会吸引追随者，产生属于自己的影响力。在这个自媒体时代，每个人都有机会通过包装自己成为众人追捧的"偶像"，但是最终能够历经淬炼、长盛不衰的依旧是有品德的人，这点是永远不变的。

第二是行事风格。你所做的事是不是安全的？追随你会不会有风险？以近两年热起来的长租公寓模式为例。公司先用高租金把房子租下来，再用低于市场价的行情出租给年轻人，代价是要一次性支付一整年的房租，支付不了的就交给贷款公司，给他们放贷款。长此以往，资金窟窿越来越大，一旦投资人的钱跟不上，资金烧光了，游戏马上就玩完。这样的模式就算上市了，有股民接盘，依然容易以退市告终。要么蜕变成滴滴出行，一家独大，掌握市场的定价权，要么就沦落为共享单车，遍地尸骸。自始至终这些模式只是在利用人们贪便宜的心态圈钱，不是正常的商业模式，风险系数极高。

而安全的商业模式是什么样的呢？很重要的一点是透明化。举个最简单的例子，餐厅厨房安装透明玻璃，让你看到每道菜是怎么做出来的。这个噱头刚开始出现的时候就大受欢迎，现在依然十分普遍，可见非常有效。同样的还有早教托育机构，很多教室也都安装了透明的玻璃，让家长能够看到里面发生什么。小米则在产品利润上做文章，公开说只赚 5% 的利润。虽然小米的硬件真的是不赚什么钱，但是它的网络服务，比如字体、主题、云空间、游戏等都是利润来源，它舍弃了一部分利润，换取其他地方的盈利。这些透明化的商业模式是能给人安全感的。

安全感一定是建立在你情我愿的关系上的，而不是用一种威胁、欺骗的方式去控制或绑定。想要获得成功的社交关系，先去想想你这个人能给别人带来安全感吗？你做的事情能给别人带来安全感吗？

荣誉感

只有彻底让人获得安全感，才会有之后的需求产生，所以安全感是排在第一位的，也是最复杂和最重要的。在解决了安全感的要素之后，第二个关键要素就是荣誉感。你能让别人感受到荣誉吗？你的荣誉感可以分享给他们吗？

有的人合作的时候，喜欢把合作伙伴衬托起来，这叫作商业互捧，合作中双方都很满意；而有的人为了突显自己会在合作中看似不经意地贬低合作伙伴，甚至把合作伙伴批评得一无是处，这就是商业互踩，对双方都没有好处。

曾经有一个合作伙伴要我给他介绍资源，每次我介绍给他以后，他就会在背后说我的不是，试图让对方不要跟我合作而多跟他合作。其实商业合作中有个很基本的原则，就是凡事留一线，不要毁人财路，哪怕我很不喜欢一个人，当有人跟我咨询能不能和这个人合作的时候，我都不会故意拆台。如果我和朋友的合作真的因为这个合作伙伴而毁了，跟他合作的荣誉感自然归零，不要说以后不能合作，连朋友都没得做。

在荣誉感这点上，人们往往过于关注满足自身的荣誉感，以至于忽略甚至践踏对方的荣誉感。比如说爱炫富的人，经常在朋友圈发一些炫耀自己财富的状态，也许刚开始的时候还有许多人点赞，但是慢慢地点赞的人就只剩下一两个，最后甚至引起了朋友的反感。如果你的富有、名气就只是给人家看看而已，他们既接触不到你这个人，也没有办法跟你学到任何有意义的东西，久而久之自然就会厌烦。

能够被分享的荣誉感才会产生价值。我的一位明星朋友曾跟我说过一个故事：他去读 EMBA 的时候，同学们经常拿他说事，他知道后，就给所有同学发他的签名照，还送礼物。他说大家都是他的客户，是买票看电影的人，为什么不让大家宣传？这个格局就打开了，完全符合成功社交的逻辑，把荣誉感分享给别人，也提升了自己的利用价值，自然能进入利他利己的循环。

盈利点

成功社交需要双方都能获得实实在在的价值，这是支持社交关系发展的源源不断的动力。空有无法落地的理想，还要别人付出时间和精力来追随你，这在长久的商业合作中是无法实现的。所以第三条社交要素就是盈利点，你有盈利点吗？它够透明吗？

我去各个城市复制卡枚连平台的时候，给城市合伙人做的第一个培训就是必须有规矩 —— 资源是很好的，但是不能白给，要么入会，要么自己也拿出资源来，否则连接就失去了价值。这样的规矩一开始在二线城市很难推行，因为一般人都觉得介绍认识人而已，平台既没有付出成本，也没有提供技术，更没有实实在在的产品，为什么要付钱给平台呢？而且暂时也看不到效果，不如先合作再谈钱。其实平台的盈利点就是连接资源和人脉，如果每次都相信先合作，做到了再分钱，平台永远不会有发展。反过来，合作伙伴也看不到平台的盈利点和发展空间，又怎么能继续维系合作关系呢？

当人们在谈论生命意义的时候，一定会考虑到牛奶和面包，否则所有生命的意义都失去了基础。艺术家再清高也是要吃饭的，为了饭钱也得做出妥协。这就是现实，如果没有办法解决生存的需要，就没有办法实现更高层次的精神追求。从这个层面来看，成功的社交也是一样，双方要有透明的盈利点为基础，为社交关系提供生存动力，才能共同去追求更高需求层次的社交关系。

价值观

成功社交的第四个关键要素就是价值观，价值观在遇到问题和障碍的时候特别重要，是考验团队凝聚力的重要标准。生活中一些价值观不合的人是可以做朋友的，因为我们平时跟朋友结交，不是每天都在遭遇挫折，自然不用时时刻刻考验价值观，但是一旦涉及生意，价值观的冲突就会变大。

有人说不管黑猫白猫，能抓老鼠的就是好猫，这是典型的销售思维，但是如果公司的管理者也没有选择标准，什么事情抓到一个人，就直接去做了，那会后患无穷。以前我们公司有销售员，为了成交对客户做了不实承诺，当时做的时候感觉很好，结果后面出问题了，就反过来怪公司。员工和公司的价值观不合，不仅会损害公司的信誉，而且会大大破坏整个团队的凝聚力。

此外，公司也不能真正搞定一个价值观与公司背道而驰的客户。如果一个客户来平台的目的就是快速卖货，什么都不想付出，也不想做活动，就想着让别人关注自己，别说是平台就算是"神仙"也帮不了他。有人就是这样，拿了平台的客户资源去做自己的活动，结果活动做得一塌糊涂，反而怪平台提供的资源不好。事实是，同一拨客人，在别的场合消费了好几百万。为什么就不在你这里消费呢？这样的事例在线下社交的情况中时有发生，社交平台的价值观一定是利他也利己，先付出才会有回报。正是因为有些产品无法在线成交，才需要线下平台的存在。

互联网已经连接了大量人群，而真正的高净值人群社交平台还没有诞生，这些高净值人群的价值绝对不是做做互联网金融和区块链而已。如果能把这些人背后的资源关联起来，将产生巨大的能量。只是要实现这个目标，需要前期做大量的教育和铺垫工作，收集足够的人数基数，提供的资源越多，产生的需求也就更能被高效地解决，这才是连接产生价值。

参与度

价值观相合可以带来稳定的伙伴关系，有了稳定的伙伴关系，最后一条逻辑就是参与度了。身边的人愿意参与你做的事吗？他们投入的精力有多少？

"三个臭皮匠，顶个诸葛亮。"看上去一无是处的点子，只要有人参与进来，都能够碰撞出火花。而一个再精彩的想法，如果没有一个人愿意参与，最终只能沦为空想。其实有参与度说明你已经在成功社交这条路上过五关斩六将了，接下来的问题就是参与的程度和投入精力的多少了。

很多人可能只想在你的项目里试试水，他们对你并没有承诺，能赚钱就留下，不行就拉倒，但你却要付出很多，这样付出不对等的关系其实是很不利的。根据心理学上的心血辩护效应，一个人投入的时间、心血越多，就会越相信这件事的可行性。通常人们在付出了金钱后，会投入更多的时间、精力，会对所做的事产生更高的认同感。所以我们看到最稳定的关系往往存在于合伙人之间，因为他们投入的时间和精力是最多的。

此外，心血辩护效应还告诉我们，如果要进行迭代，应该在项目早期完成，因为一旦投入多了，改变和修正就会变得困难，人们会不自觉为自己辩护，而不是客观地看待问题。所以身边聚集众多人才的人比较容易成功，因为人才可以及时用客观理性的思维为他们纠偏。高参与度带来高回报，提升参与者的参与度，是非常重要的考验。

我在合作关系的课程中曾要求大家进行合作体验。组合里的每个人都要出点子，出力，当然，有钱的也可以出钱。然后事先一定要约定好，每个人都不许卖自己的产品，而要帮组合里的其他人进行销售。照做的组合几乎不会失败，业绩不会挂零，因为大家都付出了，会为彼此辩护，甚至自己会抢先购买。这种向心力聚焦的活动，在平时很难做到，但一旦做到就一定会成功。我已经多次见证它的功效，非常实用和简单。如果你也有合作伙伴，不妨尝试这样的做法，也许会给你带来意想不到的惊喜。

安全感、荣誉感、盈利点、价值观、参与度这五个成功社交的关键要素反复循环出现，每一个都值得花时间去细细琢磨，每一个都不可或缺。成功社交的逻辑综合了太多因素，是一个系统性的学习过程。它们的应用也非常广，为人处事都可以参考，在生活的任何层面都是适用的。

最后，再回到最初的问题：

1. 和你交朋友是安全的吗？

2. 你能让别人感受到荣誉吗？你的荣誉感可以分享给他们吗？

3. 你有盈利点吗？它够透明吗？

4. 你的价值观是什么？

5. 身边的人愿意参与你做的事吗？他们投入的参与度如何？

社交就是这么讲究，这些思考都是出门前的必修课。竹笋要长成竹子，至少需要 7 年时间，前 4 年仅仅长 3 厘米，第 5 年开始以每天 30 厘米的速度疯狂生长，仅仅 6 周时间就能长到 15 米。其实在前面的 4 年里，竹子将根在土壤里延伸了数百平方米。君子当如竹，充分准备好自己，才能在人生的道路上事半功倍！

利他式自我介绍

　　一个成功的自我表达能够帮助我们顺利打开社交局面，但是人们在正式社交场合的亮相环节却往往表现得不尽如人意。很多人做自我介绍的时候都把着重点放在"我"身上，却忽略了听者的感受，没有把"我"与对方联系起来。实际上，当听者没有接收到介绍中关于自己的有利信息，这个介绍对他来说就是无效的。因此，自我介绍应强调"利他式"，具体包括五个问题与四个步骤。

找准核心竞争力——我能为他人付出什么？

　　在准备自我介绍前，请先回答这个问题，"我能为他人付出什么？"这个问题乍听起来十分宽泛和抽象，可以把它细化成五个小问题：

　　在情感上你能赋予别人什么？

　　在价值观上你能赋予别人什么？

　　在技能上你能赋予别人什么？你能教会别人什么东西，帮别人解决什么困难？

　　在能力上你能赋予别人什么？你有什么特殊的能力？

　　在财富上你又能赋予什么？是有强大的消费能力，还是有强大的销售能力？

　　认真写下这五个问题的答案，它能帮助你从利他的角度更深地去探索自己。除去一切外物，包括学历、背景、社会地位等，单就"人"本身去思考，我把这种思考方式叫作"裸思法"，意思是还原到"人"本身去找答案。外物是有限的、短暂的，但"人"的能力是可以挖掘的，永远不会枯竭。回答完这五个问题，你就会知道自己的核心竞争力在哪里了，它不仅可以帮助你从无到有地认识自己的价值，也能够帮助你在社交过程中建立起自信。

　　一个人在社交场合上的销售行为，必然是基于安全和信任，当然还有需求的满足。如果你是一个值得信任的、有趣的、能够分享价值观的人，就具备了成为意见领袖的前提条件。这时候你推荐的任何产品，都会具有吸引力。人们感兴趣的是你这个人，然后才是你背后的产品。这不仅是所有明星、网红的吸金法则，也是商场上的黄金法则。先做人，再做事，则事事顺心，攻无不克。

　　新冠疫情刚刚开始的时候，我正好在台湾。那时候，我想做点和教育有关的事，但又不认识台湾的学者。一筹莫展之际，我偶然发现微信朋友圈里有人认识台湾画家黄湘詅，我马上联系了这个朋友，让她试着帮我介绍一下，结果居然约成了。我和她分享我的理想和价值观，她非常认同，于是我顺势邀请她来参与课程录制，她也欣然答应了。其实当时我在台湾连摄制组都不认识，但我心里一点儿不慌，继续求助，通过朋友介绍找到一个很好的摄制组团队，谈了一次就开始了高效拍摄。

　　课程录制完成后，黄湘詅老师非常高兴，觉得和我的理念很契合，当场帮我打电话联系台北故宫博物院的前院长周功鑫女士来录制课程。在录制的过程中，我们聊得很开心，大家的价值观高度一致，于是事后我又向她提出了项目合作，她当即决定跟我们签约，我们顺利成为她在大陆地区的合作伙伴。

　　这一切的发生就像是一颗小小的种子，借由一个机会长成了树苗，再成为一棵枝繁叶茂的大树。整个过程中我没有强烈的商业目的，也没有介绍自己的背景，只是抱着试一试的心态，甚至她们都没有拿我的酬劳，为什么依然可以成功呢？因为我在看似一无所有的时候，仍然掌握着自己的核心竞争力 —— 自己的价值观，并且能在情感上赋予他人价值，也有明确的盈利思路，自然能够吸引同频的人。

每个人早晚会遇到"贵人"，但是在那一天到来的时候，你必须要通过练习找准自己的核心竞争力，先成为自己的"贵人"，花时间去增强核心竞争力，直到能够吸引更多的"贵人"。这比花长时间去化妆、做头发、塑身或是盲目啃书本都更有效，核心竞争力才是利他落地的根基。

利他式自我介绍的四个步骤

想清楚了五个问题，再进行下一步就简单多了 —— 把这五个问题简化为四个步骤，按照这四个步骤进行利他式自我介绍的练习。我非常喜欢这个练习，在线下课"人脉金字塔三天速成营"中，它是课程的一大亮点。利他式自我介绍的练习看上去很简单但一做就容易错，可是依然很受学员的欢迎，因为它能让人迅速地看清自己的盲点，带来的启发如醍醐灌顶。

第一步：我能给你什么？

万事开头难，自我介绍也难逃这个"魔咒"。第一步是自我介绍中最容易"踩雷"的地方，"踩雷点"主要有两个：一是忽略行业特点；二是混淆"我的贡献"和"我的目的"。

首先，如果你从事的是服务性行业，比如律师、保险、心理学、医美等，那么不能一上来就夸夸其谈自己的业务有多么厉害，能够帮助人们解决多少烦恼和痛苦。这看似违背了"我给你什么"的要求，但是律师、保险、心理或医美等，一定是别人遇到困难后才会求助的行业，一上来就触碰别人的痛点，别人会觉得不舒服。这些行业的特质必须是先"卖人"，后卖货。因为它们的服务不是标准化的，而是需要定制，要靠信任基础来催生购买欲望。因此它们都是点，不是面，不适合快速成交，也不适合在公众场合直接进行深度演说。

那么正确的做法是什么呢？不能操之过急，而是把战线拉长，设置长期目标。这类行业必须先从价值观出发，分享自己的理念和人生态度，有了安全和信任后，才能把产品卖掉。比如说可以请别人来出席你的讲座，先让别人认识你这个人，之后分享知识就不会给人带来尴尬，也能够让别人理解你的理念，从而进一步产生连接。

其次，第一步还有一个很容易犯错的地方在于，回答"我能给你什么"，也就是"我的贡献度是什么"，几乎95%的人都会把付出说成自己的商业目的。比如很多人会说，"我能给你我们产品的优惠券""我能给你提供一款帮助你变得更年轻的产品"，或者是"我让你来听项目的分享会"，等等。在大部分人的认知里，利他点就是商业目的。实际上，与陌生客户社交，要做的第一件事是及时建立信任，如果一上来就把商业目的亮出来，就会失去对陌生客户的吸引力。

最后，简单概括一下"我能给你什么"这个问题，答案的本质其实是一种别人不需要付费也能从你这里拿到的东西，比如说我能给你介绍一些人脉，或者我能提供给你某种技能，甚至我能请你吃饭也是一种利他。理解了问题的关键，再对之前关于情感、财富、价值观、能力和技能的五个维度的答案进行总结。我把这几个点整合一下，举例说明"我能为他人付出什么"。

我是Tina，一个每天前进一小步的女人。我做社交平台7年了，我的视频号每天会分享关于人际沟通的干货给大家。我擅长营销思维和整合，比如如何做到不销而销，如何快速地和新朋友建立合作关系……如果你感兴趣，我们可以一起分享。另外，由于我常年经营高端线下平台，我有很多奢侈品品牌的资源，可以看到不对外展示的产品。如果你感兴趣，下周正好有一场沙龙，可以一起去看看。

感受一下这个介绍，你想不想认识我呢？如果这些都不能打动对方，那么对方就不是你可以进一步连接的社交对象，换人继续介绍就行了。

接下来请你练习回答这一问题，然后去问几个跟你很熟但不会奉承你的朋友，让他们以陌生人的视角看看自己想不想跟你认识，他们听到以后又有哪些直观的感受。不管他们提出什么意见都耐心聆听，不要反驳。注意不要在陌生社交中进行练习，因为陌生人觉得没意思却不会跟你说真话，他们只会很礼貌地跟你说："哦，你很棒，我很看好你。"然后转头就走。

第二步：我需要什么？

利他点放在最前面介绍，可以突显自己的价值，不一定要多厉害，但一定得是真诚的，能实实在在帮助人的东西。说完了利他点，第二步自然是要告诉别人你是干什么的。有人喜欢开门见山地说出自己的商业目的，也有很多人不好意思点明自己的商业目的，就像两个极端。如果你很"利他"却没有商业目的，反而会引起别人的猜疑。你不说，别人就会猜，猜不出来或者猜错了，都不是你想要的结果，所以不如自己直接说。当然，如果你完全没有商业目的，也可以直接告诉别人，比如我是来向大家学习的，希望认识几个价值观相似的朋友，只要找到一个落脚点，就能让人安心。

第三步：怎么和我联系？

第三步其实也是大家在社交中容易进入的误区，很多人都以为认识一下就结束了，那么之后关系就会自动连接上吗？如果你真的觉得这个人脉很重要，必须得跟他约定下一次见面的时间和地点，是去喝茶，还是去办公室互相拜访？总之一定要尽量具体，而不是泛泛地说："太好了，我们以后再谈。"因为没有具体重要的信息点，双方可能一转头就忘记了。

这也是为什么我让大家尽可能地把每一天结识的人脉都做一个整理。人脑真的记不住超过 150 个人，如果每一场社交活动，你能够认识 30 个人，那么只需要 5 场活动你的人脉库就已经饱和了。而且只要你愿意，参加 30~50 人社交活动的机会很多，如果你学会利他式自我介绍，花 3 分钟就可以介绍完自己，每次认识几十人没有问题。但想要更有效地与这些人维持社交关系，人脉的管理就十分必要。比如在第一时间就备注上这个人是做什么的，如果有非常强的关联性，马上留下联系的方式，试图创建关联机会。

第四步：创造机会点

创造机会点，简单来说就是我可以跟你发生点什么，最好是有互利的可能性。比如说我见到周功鑫女士的时候，我就想到她也许在大陆需要团队帮忙推广，而我正好有能力可以做到这件事。有了这个机会，我和她自然可以达成更紧密的社交关系。不要盲目等待机会点的来临，机会点是人创造出来的，而创造需要发挥想象力。

最后按照四个步骤完整地做一次自我介绍吧！

我是 Tina，一个每天前进一小步的女人，我做社交平台 7 年了，我的视频号每天会分享关于人际沟通的干货给大家。我擅长营销思维和整合，比如如何做到不销而销，如何快速地和新朋友建立合作关系……如果你感兴趣，我们可以一起分享。另外，由于我常年经营高端线下平台，我有很多奢侈品品牌的资源，可以看到不对外展示的产品。如果你感兴趣，下周正好有一场沙龙，可以一起去看看。

我之所以有这些资源，是因为我有一个商业社交平台，并且有自己的学习体系，我们需要招募会员和学员，如果你感兴趣，或是有适合的朋友，或者想跟我合作都可以来找我喔！我经常在研究院里办下午茶，你下周有时间吗？抽一天来坐坐？我们的模式也很有意思，咱们互相交流一下，看看资源怎么整合起来，有好的合作机会大家一起分享。

　　短短的自我介绍，包含了四种维度的信息，可以帮助你和社交对象建立初步的连接。我有一个非常厉害的城市合伙人，她和别人介绍我的时候，也都是用这个逻辑，每次都很成功。她是这样说的："我加入了上海的一个平台，创始人是一个有'利他'思想的优秀女性，模式特别好，很有发展前途。我觉得这个平台也很适合你的项目，可以一起连接看看，甚至一起做都可以。他们最近在招募城市合伙人，你有没有兴趣了解一下？下周平台创始人在，可以一起认识一下。"就这样，她把复杂的事情用几句话说完了。接着她会把我和平台的资料发给对方，这样等我们正式见面的时候，前期功课都已经铺垫好了，意向达成的概率自然非常大。利他式自我介绍其实就是初步的破冰和信任建立的过程，一旦做得好，能够带来巨大的商机。

　　学习利他式自我介绍，只要短短几分钟，但能够帮助你更加畅通地进入社交场合。

社交的六个阶段

　　我曾经问合伙人："加入平台给你带来最大的改变是什么？"她说："学会了对事物的分辨。"以前她看人总是只看到表面，别人说得天花乱坠，她就深信不疑，被带去很多直销机构交了钱，却又不愿意按照他们的方法去营销身边的人，结果就被当作异类。加入我们平台后，她见到很多优秀的人，学习了他们的社交方法，慢慢地就开始有分辨能力了。她最后总结说："还是要找到对的人'利他'，这样才能得到长期的人脉累积，形成自己的向心力。"

　　每个人在社交中都会经历"傻白甜"的过程，那么怎样才能最终活出自己的精彩呢？首先一定要充分地了解社交的过程，因为只有在看清全局的基础上才能做出对自己最有利的选择。无数的社交技巧堆积起来，每一种都像一颗闪亮的珍珠，但能够把这些"珍珠"串联起来的人却很少。所以，我结合自己经营社交平台的经历，串联了社交过程的六个不同阶段的"珍珠"，来让大家更好地认识到人际交往的全貌。它们分别是陌生和向往、观察和模仿、体验和风格、妥协和倦怠、认知和完善、和解和融合（见图15）。

第一阶段：陌生和向往

　　毕业后初入社会的新人，对社交都是充满新鲜与好奇的。在此之前，我们的社交环境主要是家庭和学校，而我们的社交学习则来自父母的熏陶，通过观察他们是怎么待人接物来产生自己的判断思维。除此以外，并没有人教我们如何社交。但当我们进入职场，仅靠这点经验一定是不够的，因为社会上的人际交往远比家庭复杂得多。遭遇初期的陌生与迷茫，有人就开始打退堂鼓，拒绝社交；也有人"乱花渐欲迷人眼"，在新奇与向往中，盲目社交。他们都荒废了自己的时光，却始终没有积累起自己的社交经验。感受一下，你在这个阶段吗？你顺利地度过了吗？

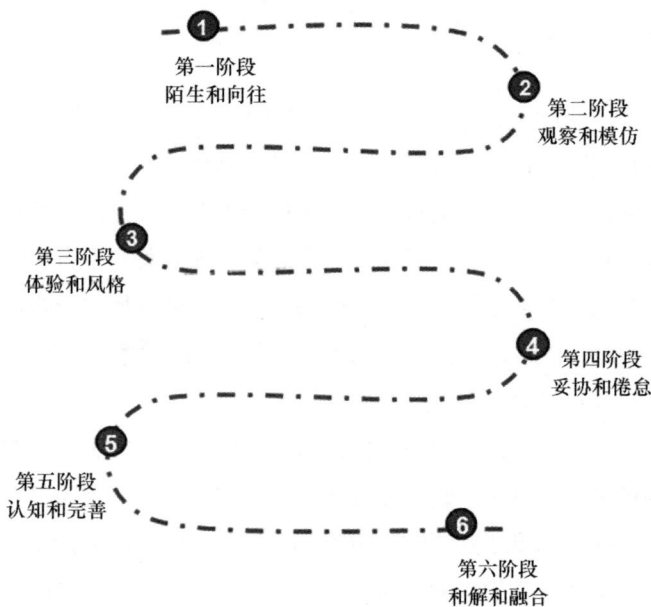

① 第一阶段
陌生和向往

② 第二阶段
观察和模仿

③ 第三阶段
体验和风格

④ 第四阶段
妥协和倦怠

⑤ 第五阶段
认知和完善

⑥ 第六阶段
和解和融合

图15 社交的六个阶段

　　我的一位合伙人在跟我合作之前，因为家庭环境比较优越，所以并没有出来工作。直到她的父亲做生意出了问题，家里失去了顶梁柱的支持，才开始试着走出"堡垒"。她一度为家庭的变故感到自卑，好像自己已经不再富有，也就失去再进入社交圈的资格了。通过学习她才发现，原来人本身就是有价值的，这与财富无关。于是她从零开始，练习与人社交，通过输出自己的个人价值，获得了成长和自信。因为家庭变故，我的合伙人不得不走出"堡垒"，从这个角度去看，坎坷也是一种契机。这样的坎坷契机让人无法拒绝社交，不得不主动进入人际关系中。

除了拒绝社交，初入社会还容易出现盲目社交的状况。十八九岁的年轻人，呼朋唤友地吃饭、喝酒、唱歌，身边有朋友组局就去蹭，吃喝玩乐自顾自开心，觉得一切都是理所应当的。泡在这样的环境里，会让人有一种错觉，以为自己众星捧月，为人处事都能周旋。多年后回首才悔不当初，蹉跎了宝贵的青春岁月，堕入了温水煮青蛙的困境中。

电影《少年派的奇幻漂流》中有一幕让我记忆犹新：派和老虎在大海上濒临死亡之际，遇见了一个充满生机的小岛，岛上有充足的食物和淡水。派以为自己找到了人间乐土，于是将女朋友送的手绳绑在树上，决定在此安顿。晚上，意想不到的事情发生了，狐獴上树，老虎上船，天池的水夜间泛酸腐蚀鱼类。而当派打开一株像极了女朋友口中森林里的莲花时，却发现莲花里包裹着一颗人类的牙齿。此刻终于真相大白，小岛白天是天堂，夜间是食人地狱。极乐世界根本不存在，于是派只得带着老虎再次起航。

人生就像这一望无际的汪洋，理想国度尚在未知的彼岸，途中的岛屿只是一个巨大的诱惑。它让人沉浸其中，以为天堂已经到达，其实不过是让人自愿虚度青春的地狱。如果你尚在社交的第一阶段，不要拒绝，不要盲目，不念过去，亦不惧未来。趁着年轻，做些吃喝玩乐以外的事情吧，仔细观察和学习，累积人脉的好时候永远是当下的这一刻。

第二阶段：观察和模仿

对社交新人来说，选一个标杆学习模仿是很关键的一步，几乎每个成功的商业大佬，都有自己的标杆。选对了师父，对日后的助益是巨大的。

段永平被誉为"中国巴菲特"，从创立步步高开始，段永平坚持实行股份制，让所有的员工都入股公司，没钱入股的，他就借钱给员工入股。通过这种方式，步步高积累了第一笔原始创业基金。在事业发展的高峰期，他将步步高拆分成三家独立的公司，分别是步步高教育电子、OPPO、Vivo，自己则淡出了公司的经营，转型做投资。他是很多大佬的贵人，也是他们社交的引路人。拼多多的黄峥说段永平是对他商业教育影响最大的人，沈南鹏在最近的采访中也感慨段永平是值得他学习的优秀投资人。大佬不是一天练成的，同样的，段永平也有自己的老师，就是"股神"巴菲特。段永平花钱与巴菲特共进午餐，学习对方的智慧思想，为他在美国转型成为投资人提供了重要的引导作用。在他看来，与巴菲特的接触不能用金钱来衡量，因为他学到的不仅仅是钱。他从巴菲特那里学到了很多投资理念，这对段永平的价值观和人生观都有很大的帮助。

选择成为一个好学生是每个人只要愿意都可以做到的事情，但选择怎样的老师来带领自己也是至关重要的。我在社交初期也有两位启蒙老师。一位是我的先生，相比当时非常自卑、害怕社交的我来说，他是一个非常善于社交的人，和任何人都能很快打成一片。在他的指导下，我渐渐有了自己的社交圈。

我的第二位启蒙老师是心理学导师兰西女士。在她身上我第一次看到女性的力量可以那样慈悲而坚定，在此之前我一直认为女性就代表着抱怨、脆弱和缺乏力量。我追随她在世界各地学习，她也开启了我关于自身价值的"回归"之旅。她仿佛看到我的内心中的"抱怨"，总觉得自己是被逼降生的。在她的不断引领下，我才觉醒，自己正是出于一种使命感，希望能带给这个世界爱和温暖才来到这里。这个发现让我豁然开朗，原来"入世"这个选择是我自己的决定，我本来就是要落地的，根本不需要刻意地"出世"，处处证明自己跟别人不同。等我死的时候，自然会用"去世"的方法"出世"，那么在活的时候，为什么不去好好地体验这人间烟火味呢？此后，我就安心地生活、学习、工作，不再得过且过。当一个人内心有了着落，各种技巧方法就都可以融会贯通了，我也遇到了更多打开我眼界的人。我开始明白，原来认识的人多只是一个方面，而相同的价值观更重要。可以说我的先生和兰西都是我生命中的贵人，他们让我燃起对生活的希望之火，走出了自己的路。

社交中找到好的引路人至关重要，能决定你日后的高度和广度。好的老师能够把人的格局打开，并在关键时刻给你带来突破性的思维启发，让你在遇到障碍的时候，快速找到破局点，彻底解决问题。其实一本书、一个人、一堂课都可以是一个好的老师，有人能给你带来启发，有人能带来机遇，有人能带来爱和温暖……关键是选择什么作为自己的信仰。不能事事以钱为衡量标准。没有一种物质是能够永恒的，但是思想信念却能够代代相传。就像中国传统的儒家思想，从春秋至今依然在影响着我们，这就是思想的力量。只是学习技巧无异于管中窥豹，看不真切。要想学习到位，就要跟随对方的思想波动，充分了解其背景和根源，才能搞明白方法背后隐藏的智慧和道理。

第三阶段：体验和风格

进入第三阶段后，你对社交会拥有更多的信心，因而往往开始主动行事，比如组局、拉群等，逐渐形成以个人为中心的社交圈。回忆一下，你有做"主人"的经历吗？你又是在用什么样的风格处事？

无论是在学生会组织工作，还是当微信群群主或是成为家宴的主人，这些都是属于你个人的社交实践场景。在这些以你为中心的社交场景中，你是事无巨细的主人，还是随意自在的主人呢？其实每个人都会展现出不同的风格，我总结了以下几种。

操心型主人：小丽是一个特别在乎细节的人，每次组织聚会都渴望得到每个人的夸奖。她总是试图控制每个环节，比如你为什么不吃这个菜？为什么不喝那个茶？是不是对她的准备感到不满意？这样一来，大家参加她的宴会就会不由地产生压力。操心型主人会在诸多细节中让自身的紧张情绪蔓延，让客人感受不到放松的氛围。客人下次可能就不愿意参加她组织的活动，这样就越让她觉得自己做得还不够好，还需要更加操心。其实无论什么样的社交场合，主人都需要有足够的参与感，如果不能享受自己组织的活动，那么对自己和客人来说都是一种折磨。

自由散漫的主人：小李创建了一个车友会平台，于是组织大家聚餐认识彼此。平台的性质和创意都很好，很快就聚拢了一群爱车的成功人士。在小李的认知里，客人们只要来到现场，她的服务就结束了，至于体验如何则不关她的事。所以在她举办的百人活动上，现场客人常常一头雾水、不知所措，而她一个人坐在主位，享受着组织活动带来的成就感。这样的活动组织了没几次，平台的口碑就坏了，再没有人愿意参加她的活动。可以说握着一手好牌，却因为没有想法和组织而最终打得稀烂。

"高大上"的主人：很多奢侈品活动，现场的服务也不怎么好，但是组织系统却很完善。比如卡地亚的晚宴就常常会请很多明星，导致现场基本没有工作人员照顾客人，但是客人都很高兴，因为无论是场景布置、环节设计，还是晚宴规格，都足够"高大上"。再加上流程也都提早告知过客人，动线设计也是安排好的，这样的活动哪怕是自助进场都无所谓。在这样的情况下，一些细节也就不那么重要了。

宾至如归的主人：羽西应该是社交圈公认的鼻祖，她的风格可以说是大气的代名词。羽西这么多年连接了无数人相识、合作，也给了很多中国设计师海外曝光的机会，可以说贡献很大。她的家宴也在圈内很出名，各种社交礼仪对于她来说已经是熟能生巧了。她会和每个客人亲切交流，也会把一切安排得细致妥当，既不会给人带来压迫感也不会让人感觉被冷落。她的社交境界非常高，是经历了长时间的历练和沉淀才能拥有的智慧。

综合以上四种风格，你觉得自己是哪种风格的人呢？又希望能往哪种风格发展呢？

第四阶段：妥协和倦怠

任何事情都会遭遇瓶颈期，社交也不例外。所谓"瓶颈期"是指一个流程中生产节拍最慢的环节，"瓶颈"可以是整个流程中制约产出的各种因素，也可以理解为一种无价值感，对事物失去了最初的兴趣。这里所谈的第四个阶段也就是社交过程中的"瓶颈期"。

我在社交中见过很多"阅尽千帆"的人，突然就对社交产生了倦怠。当遭遇挫折的时候，正确的态度是第一时间先解决，再奖励自己，而不是一味地放纵自己逃避问题。如果你对社交的厌倦是因为受挫，那么远离就是一种逃避；如果你已经和段永平一样功成身退，那么离开是一种淡泊名利的智慧。不同的目的造就不同的境界，在"出世"前，还是要把"入世"给搞明白了才行。

我有一个会员曾经热衷于社交，人也活泼开朗，很愿意付出和利他，大家都很喜欢她。她认识很多人，也有自己的 500 人大群，怎么看都是一个不错的意见领袖，但是她在一夜之间把所有群解散，朋友圈也关闭了三天，究竟为什么这样呢？起因是网上流传着一篇讽刺商人很精明的文章，里面恰好用了她的照片，虽然写文章的人并不认识她，只是误用了她的照片，但朋友们都以为讽刺的是她，让她感到颜面受损。她又回想起几年来一直帮别人牵线搭桥，自己却没有什么实际产出，每天只是为他人作嫁衣，更是感到十分委屈，于是便心灰意冷。

语言暴力的确可以"杀"死一个人。很多人在社交中或多或少都遇到过诋毁，尤其是那些已经小有影响力的人更容易中招。这时候很多人会选择放弃整个社交圈，与其说是对社交产生了抵触，不如说是对人和人之间是否存在坦诚的交流产生了根本的质疑。面对诋毁，我们该怎么去做呢？

我在社交的过程中，遇到的诋毁太多了，而且五花八门。有人说我的平台高不可攀、不可一世；有人说我的平台低贱卑微，聚集了一群"伪企业家"。对我个人的攻击就更多了，我遇到最莫名其妙的一个人，不但编造和我相识的场景，甚至把我的私人生活都编排进去。总之什么声音我都听到过。明星遭遇的诋毁更是家常便饭了，毕竟再厉害的人做事都不可能面面俱到。当一个人的言行举止都被暴露在无处不在的镜头下，面对的压力是很大的。所以我也不羡慕那些网红，"欲戴皇冠必承其重"，被人 24 小时监督的感觉可不是闹着玩的。因此要做好足够的心理建设，否则遇到诋毁就很容易心态失衡。

面对他人的诋毁，我的处理方式一般分两个层次。第一层是在现实中制止，要追究责任的，必须追究到底。很多人觉得放下就是放过对方，其实这也是一种逃避。每个人都要为自己的行为负责任，否则下一次会更糟糕。我过去也对宽恕产生过误解，我理解的宽恕就是不去计较，但一位朋友的话让我醍醐灌顶：宽恕不是让人无条件地放下，如果事情是客观存在的，就必须要解决问题，而不是一味地退让。

听说过破窗效应①吗？当他人的恶念来袭，就像是一扇窗户被打破了，如果放任不管，别人不知道我们的底线在哪里，就会一直试探，给自己和他人造成更大的伤害。这时，只有停下来补好那个窗子，才能及时止损。虽然心灵的平安是最高境界的追求，但在日常生活中，明辨是非也是成长的方式。面对他人的不良行为，要及时呵斥禁止，划定界限。做到了这一点，才能够心无旁骛地进入第二个层次。

第二层就是在内心放下。放下并不是放过，行为上要有立场，但是内心不再被情绪影响。把该处理的处理完，然后继续做好自己的事。社交中最大的考验是心魔，而心魔来自自身，很多时候我们被负面的声音缠绕而忘记了初衷。解决方法就是继续回归初心，也就是向着坠落层次的顶部走，继续行善和完成使命，便能重新获得平静与安定。

你对社交倦怠过吗？是什么原因让你对社交不再感兴趣？找出那个问题的关键，从根源上解决它们，直到这些问题再也不能制约自己。一旦跨越了社交过程中的"瓶颈期"，我们的社交能力将进入更高的发展阶段。

---

① 破窗效应是犯罪学的一个理论，该理论认为环境中的不良现象如果被放任存在，会诱使人们仿效，甚至变本加厉。

第五阶段：认知和完善

随着阅历的增长，我们对社交的认知也会渐渐完善，会发现那些诋毁自己的只是小部分人，更多人其实只关心自己的切身利益，而并不在乎你是不是一个完美的人。认知的完善会给我们带来飞跃性的进步，它代表我们不再受外在制约，内心开始有"定"的功夫了。

女性在社交场合上确实是不容易的：单身的被说成"小三"，已婚的说你靠背景；身份、地位都无可指摘就说你没钱，要是有了钱又会被嫌弃肤浅……反正有各种各样的理由把你从高处拽下来。我一度为此感到苦恼，怎么破这个局呢？有一次我遇到了一个社交高手，跟他请教这个问题："我那么努力地站起来，为什么别人总是想把我拉下来呢？"

他告诉我一个很有禅意的观点："你觉得痛苦是因为你总是想跟别人保持平等，而对方又总是想高于你，这就产生了矛盾。其实要破这个局很简单，你就选择躺下，这样对方还得弯下腰把你给扶起来。否则他就得低着头跟你说话，他比你累啊。"

这就是一个认知差，在我的认知中平等是很重要的，所以我要努力证明自己不是他理解的样子，但是对方的认知里，我就是一文不值，那有什么好争的呢？让他对就是了。这才是躺平的智慧。对于处事原则要坚守，但是对于无关紧要的问题，让别人赢也无所谓。特斯拉创始人马斯克谈及他人的不理解时，说："我现在不和人争吵了，因为我开始意识到，每个人只能在他的认知水准基础上去思考。以后有人告诉我 2 加 2 等于 10，我会说你真厉害！你完全正确！"

很多时候，我们都活在他人认知的阴影下，而认知完善就是跳出来，看看自己到底是谁，想要什么。一个认知完善的人，既不会受累于他人无理的指责，也不会去批判他人的生活，他们只会专注在自己要实现的目标上，为自己的人生负全责。只有那些无法活出生命精彩的人，才会通过他人的认知来认识自己，或是通过对他人的批判来抬高对自己的认知。

香奈儿是非常著名的女性企业家，也是通过圈层晋升实现商业梦想的典范，她的身边没有人诋毁她吗？其实她的私生活并不完美，比如她的感情生活就经常被诟病。但是比起那些闲言碎语，更多人注意的是她带来的影响，她的风格和先进的观点让女性解锁了黑色，可以说今天女性能穿黑色都要感谢她。谁会记得那些说三道四的贵妇呢？人们只记住了香奈儿的名字，因为她是如此利他又不凡。这就是用强大的自我认知超越了他人认知，不仅成就了自己，也征服了世人。

世事复杂，变化无常，认知也需要在丰富的人生经历中逐步完善。比如未真正踏入社会的时候，父母会告诫我们，社会上有很多骗子，要懂得保护自己。于是我们初入社会的时候就小心谨慎、处处防备，但慢慢地会认识到父母的告诫不是全部，我们首先要信任别人才能交换到真心。于是我们又放下戒备开始相信身边的人了，结果真的遇到了骗子，转过头觉得还是爸妈说得有道理，于是才学习择善而交。这个来来回回的过程就像磨刀，太钝或是太过锋利都过犹不及，直到磨出一个最合适的"度"。在认知完善中掌握好了这个"度"，就掌握了成功的窍门。

思考一下，你是否曾处在他人认知的阴影下呢？你掌握好"度"了吗？

第六阶段：和解和融合

与自己的和解会让我们超越社交的局限，真正实现无处不在的社交。如果说一开始我们把社交当作任务、工具和手段，那么在这个阶段，社交已经自然而然地进入了我们的生命状态，不再是为社交而社交，也就是老子说的"无为而无不为"的状态。

那什么是与自己和解呢？不要试图完美，要懂得原谅自己做得不够的地方。当我们试图在社交中做到完美，那就会像戴着镣铐跳舞，永远无法进入与社交融合的自如状态。

黄永玉先生曾回忆："第一次拜见白石老人是可染先生带去的。老人见到生客，照例亲自开了柜门的锁，取出两碟待客的点心。一碟月饼，一碟带壳的花生。路上，可染已关照过我，老人将有两碟这样的东西端出来。月饼剩下四分之三；花生是浅浅的一碟。'都是坏了的，吃不得'。"想象不到吧，齐白石居然给客人吃坏的花生。在过于耀眼的才华之下，这点社交上的小"抠门"显然并不是值得关注的事。在社交后期，我们的个人风格会融入社交中，变成一种固定的模式，人们也会以你为中心去适应它。比如我举办的社交活动，在三年后就已经形成了明显的风格，大家来我这里都会打扮得美美的。这种对美的接纳和欣赏已经变成了共识，就不用再担心自己会因为打扮过度而变成异类了。

要注意的是，与自己和解是最后一个阶段的事情。如果你已经形成自己的强烈风格，也有强大的自我认知，那么一些小缺点对人对己来说将变得不再重要，广交朋友是水到渠成的事情，也不用去刻意筛选，因为被你吸引的朋友会自觉遵守你的规则。但如果你是初学者，还是要一步一步慢慢走，与自己和解的"任性"，也是需要"资本"的。当一个人"利他"的价值足够大，个人影响力足够强，向心力就出来了，自然是不用对世界妥协；但如果你还停留在第一和第二个阶段，想用我行我素、特立独行来引人注意就行不通了。

一旦人与自己和解了，融合就是很自如的事情。这就像学习骑自行车，刚开始要注意很多技巧，要经过许多刻意的练习，但学会后自己的身体就会产生记忆。无论多久没有骑车，这种记忆都可以在骑车时被调动起来，并成为身体的一种自动反应。任何学习都是这样，过了那个关键阶段，人就会通达，技巧会变成记忆，记忆会变成一种自然反应。

现在，你已经了解了社交的六个阶段，无论你此刻正处于哪个阶段，都不用害怕和迷茫。只要清楚自己的目标，坚持不懈地前行在路上，所有你想要的终将抵达，只是时间先后的不同罢了。

弱者心态，强者心法

现在你的自我介绍也做过了，资源也梳理过了，也能够明白价值观的重要性了，接下来，怎么判断自己的社交是否有结果了呢？最简单的检验方式就是看看有没有实现资源对接，也就是找到可以合作的伙伴了吗？

合作真的不是那么容易的事情，为什么大公司分分钟达成几个亿、几十个亿的合作，而很多人却连让合作伙伴发个朋友圈都做不到？

让人记住自己不难，练好自我表达就行；开始一段合作也不难，毕竟人的初见总是带着蜜月期滤镜的；难在投入大量时间和精力的合作，其中不但涉及目标的整合，还需要强大的情商以及和谐的合作模式。在不断地观察和实践后，我从理性和感性两个部分，总结出了合作中最容易产生矛盾的地方，以及它们的解决方法。

理性

首先就是"谁是老大"的问题。很多人明面上看是老二，是支持者，实际上却对权力充满欲望，这就会制造两个权力中心，长此以往必然是要产生冲突的。如果老二不懂得服从，无论是合作还是自己公司内部的管理，都会出现问题。所以它的解决方案，就是要在第一时间做出清晰的权力划分，千万别含糊其词，亲兄弟明算账，丑话说在前面，可以有效避免后期模糊地带的出现。

其次是落实。谁来执行，这涉及内部的组织架构。这是非常重要的一步，如果你要和别人合作，但是公司的组织架构里没有这一项，那么这个合作就没有基础。别看到什么项目好就想拉合作，如果不符合战略，是根本无法落地的。

接着就是试错。任何计划在实施过程中都是要根据实际情况调整的，因为有些事情我们也不知道发展下去会出现什么情况，不能一意孤行，明知会撞墙还打肿脸硬撑。复盘是必须的，针对计划中的不足之处，展开学习和补充培训。有些事情的方向是很好的，但因为执行的人专业知识不够导致失败的案例也不在少数，所以定期的培训预算和营销预算是同样重要的。

做错了要反省，做对了也要奖励。设计一个良性的竞争机制，可以互助赋能，却不为利益争斗，这样的状态是完全可以通过制度实现的。比如我们把销售分为 A、B、C 三个等级的小组，小组之间互相竞争，个人奖金虽然不同，但是优秀的集体是有奖励的，鼓励销售人员互相赋能，彼此借力。这就是一个良性的竞争机制。

到了分钱的时候，利益归属就变得特别重要，利益不均是合作中的大忌。如果觉得分配不公，要及早提出，而不能合作到一半后觉得不甘心又再生事端。

整个过程要不断地迭代和变化，商业系统不是一夜建成的，而是要针对每个环节设计。执行中出现的问题，要不断进行优化和打磨。没有完美到可以抄袭的模式，每个人都要找到最适合自己的模式，不要还没开始就自我否定，善于利用问题自我完善的人，会拥有更多的成功机会。

等模式打磨到七七八八，就可以开始对外复制了，比如招募合伙人，开分店，都是在自身商业体系完善的时候才能做的事情。无论是话术还是算法，不要自己都没有跑通就试图大肆复制，否则过程中出现的问题有可能会让局面彻底失控。

能复制已经前进了很大的一步，接下去要考虑如何可持续发展并构建生态圈。好的晋升机制会让参与者有干劲，带动更多人一起发展，生态圈在这个过程里自然就形成了。

以上是合作中必须要保持理性客观的部分。还有一个决定合作成果的关键要素，就是感性的部分。很多人的合作不是败在机制和模式上，而是败在情绪上，因为不喜欢一个人看自己的眼神而失去整个合作关系的案例并不鲜见。

感性

这里要提到的是弱者心态和强者心态带来的结果差异。

每段关系的开始都是美好的，但是随着交流的加深，个体差异就出现了。很多人只是表面上想合作、学习，其实他们更在意的是自己是否会遭受损失，目标定在怀疑上，结果自然是不会好的。人们总是热衷于证明自己是对的，无论是好事还是坏事。

我在这么多年的商业合作中发现一个规律，如果合作伙伴一开始是彼此信任的，大家一条心，项目推向市场就很顺利。如果一开始就猜疑，比如怀疑客户质量、资源落实，这样的关系最后都会恶化，因为在合作过程中要分心，一方面要想办法攻克市场，另一方面要当心内部人的"暗箭"，这要怎么做呢？根本没法做。包括我自己也是，所有一开始顺利的合作关系，当我开始质疑，纠结于他们是不是没有付出那么多的时候，味道就变了。不知道哪里不对，反正就是无法融合，慢慢地大家的兴趣都淡了，自然没有结果。

弱者发出的声音，往往是责怪别人不够努力，或是认为自己的情况和别人不一样，遇到问题也不能很好地面对，或逃避，或抱怨，总之就是没办法好好协商。私底下又一直传递负面思想，再不然就推卸责任，说是价值观不合，其实根本就没到这一步，连坦诚的沟通都做不到，谈什么价值观呢？这样的心态，不光自己浪费时间，也浪费合作伙伴的时间，损人不利己。而强者与人合作，一定是有自己的心法的，只考虑怎样让别人愿意出力，怎样提升自己的利用价值，怎样让人无法拒绝，这样的人不成功也难。

我遇到过一个典型"强者心法"的老板，他的渠道有 15 个群，每个群有 500 人，每个月的业绩都在 8000 万元以上。他是怎么做到的呢？他来找我谈合作，会站在我的角度替我考虑各种障碍如何解决。比如他想让我把客户导流给他，就会先问我所有阻碍的因素，如果我说是没有办法给客户理由，他就给我免费的体验产品，并且把过程中的话术都跟我盘清楚，当我也觉得可行了再支持他去落实。他不抗拒我的问题，而是很认真地帮助我把所有问题都解决了，接下去我只需要去做就行了，这样的合作能不成功吗？问题不但没有成为我们之间的矛盾，反而成为他打动我的机会。我在他身上学习到很多。

如果你在合作中遇到情绪问题无法自拔，比如明明是很适合自己的合作伙伴，你却对他没有对你表示感谢，没有给你足够的认可，或总是对你提问题之类的事情产生了不满，不妨试试下面这个"一体式"提问法，它能帮助你快速地回到中心。

当合作过程中感到心理不平衡，又没有触及事件层面的矛盾时，就做这个练习，问问自己：到底为什么会生气？

从"他为什么这样？"的思维转变为思考自己要从中学习到什么。如果你可以在每次有情绪的时候，用这个方法去自问，那么很快就会发现每个问题都藏着一份礼物。比如认识到合作伙伴懒惰、没有动力，可能是因为利益分配没有说清楚，那么下一步就好好学习数字的智慧；比如客户不买单可能是因为自己的介绍太啰唆了，那么就优化话术。

每天进行自我迭代的人是不会被他人指责的，他们可以很好地化解内心对于做不好的内疚感，再把过程中的心得分享出去，个人的影响力就开始形成了。

很多人只想要初见时的美好，却对过程中的烦恼视而不见。这样的人是没有办法获得完整的体验的，因为做的只有一半，成就感也只有一半，他们在真正面对压力的时候，很容易产生焦虑情绪。而另一些人遇到压力的时候也会焦虑，但能快速地解脱出来，因为他们之前完整地体验过从无到有的过程，有自己的"作品"和战胜困难的"经历"，遇到事情心里不慌，自然可以快速回到正轨。

抱怨总是最容易的，但也是最无效的。你的抱怨只会让身边的人觉得你也很不靠谱，他们最多同情你一下，而同情对事情的发展没有半点作用，如果每次合作的结局都是负面情绪，那么身边的人也会渐渐远离。这就是"破窗效应"的真实写照，千万别以为熟悉的人会理解你，理解与共事是两码事，你到底是要同情还是成功？

越是亲密的人，越要分享快乐的东西，真的喜欢一个人，是不会折磨对方听你抱怨的，自己消化掉负面的情绪，再分享礼物给别人，这个过程就是影响力的形成。长期坚持下去，每个人都会想和你聊天，你的个人品牌不就形成了吗？

成功真的不是偶然的，最关键的是"心"，磨炼出一颗时刻利他的七窍玲珑心，何愁不能成功呢？

什么是自我价值

什么是自我价值？

自我价值是指在个人生活和社会活动中，自我对社会做出贡献，而后社会和他人对作为人的存在的一种肯定关系，包括人的尊严和保证人的尊严的物质精神条件。自我价值的实现必然要以对社会的贡献为基础，以答谢社会为目的。那么究竟要贡献什么？不同类型的人又要如何贡献？第一个分歧点是个体差异。比如让一个有钱的人捐款1万块和一个没钱的人捐1万块，意义肯定是不同的。还有就是男女差异，男人和女人本质上是不同的，男人有更强的力量，女人有更细腻的情感。在面对"付出"和"贡献"的时候标准也是不同的：女人认为我包容你，接纳你就是爱你；男人认为我解决家庭的生存问题就是爱。

遗憾的是，在自我价值这个问题上，个体差异性往往被忽略了，于是女性的自我价值通常被掩盖在男性的价值阴影下。

如果说女性有什么特质是优于男性的，那一定是对情绪的感知能力。大自然对胎儿的性别默认设定是女性，胚胎发育到6~8周时，如果睾酮素没有出现，那么胎儿就是女性。女性大脑中的雌性激素会使女性把注意力集中在情绪和沟通上，男性大脑中的睾酮素会使男性专注在竞争上。情绪用得好可以是一种动力，比如体察到他人的情绪，用心去温暖与照顾身边的人；情绪用不好则会泛滥，影响对事物的客观判断。情绪是对内的，竞争力量是对外的，因此，女性的价值是无法被"定价"的。男人可以通过做出对产业发展的贡献从而获取自我价值，女人也可以通过回归内在，发掘自身的优势，比如通过情绪产生的同理心，产生和人的连接，在关系和沟通上贡献自己，创造价值等。

所以，从自我价值的男女差异可以看出，虽然不同的人有不同的贡献方法，但只要核心是能对他人产生贡献，都能创造价值。和而不同，就是用一千种途径到达同一个地方。

人有几种不同贡献的层次，分别是圣人、仁人、贤人、善人和君子，可以自行比对一下，自己属于哪一类：

圣人型：如孔子传道授业，重视道德品质，渴望通过影响他人来成就自己的理想，为实现理想不懈努力，可以忍受任何寂寞和困难。

仁人型：如备受敬仰的国家领导人，有远大的目标，施展抱负让国家更强大和美好。

贤人型：如发明大王爱迪生，运用智慧产生的结果，让他人受益，这些都是贤人的贡献价值。

善人型：如热心慈善、公益的爱心大使，爱好分享，愿意以各种方式帮助别人。

君子型：对身边的人很好，能以身作则，树立榜样。

从这些不同的层面中，我们可以简单地得出一个贡献的范畴：道德、慈善、公益、分享属于内在的动力发散，而技术、能力、建设、理想抱负属于外在的动力扩散。一个适合女性选择，一个适合男性选择。就像女性喜欢在小红书上分享自己的购物心得，而男性更愿意转发今日头条的各种新闻。当然，并不是说女人就不能发新闻，而是从概率上说，人们在不自觉间也已经形成了自然的贡献分流。

通过这些社会行为，我们会慢慢地认识自我，从中学习和他人的相处之道。有些人虽然不善言辞，但是善于用作品说话，也能够很好地传递自己的思想。很多人会在社交中受挫，发布的东西乏人问津，其实道理很简单，不论选择哪个途径去传播，都要看贡献的价值在哪里：别人在你的作品中能得到的是思想的进化，还是视觉的丰收，或者是实惠的购物体验。

我以前很不喜欢玩小红书，觉得里面没有什么实质性的内容，可当我发现身边的女友都乐在其中，也产生了试试看的想法。一开始我随便乱发，只要是美图配上音乐就丢出去，结果根本没人看。我仔细研究后发现，那些博主都是很用心地在做内容，每天都要更新自己的分享主题，光这一条就很难坚持了，还要不断输出有价值的内容。那些粉丝几十万的博主，都是靠着自己半夜做图文编辑，点点滴滴累积起来的关注。而且她们发的内容，还真的很有推荐性和启发性，可以说小红书让女性体现了爱分享的贡献价值，因此能够吸引流量也就不意外了。

坚持付出和贡献是一件辛苦的事，没有一个人的走红是意外。可以说所有的"红"是因为提供了某种价值，而"过气"是因为不再坚持输出价值了。想要一路"红"到底，就要坚持做出贡献，直到产生一个能够大范围利他的产品或者作品。

这个规律不但适用于想出名的人，对待亲密关系和事业发展，也一样适用。比如你开始一份事业，初期很火热，可是发展到一定阶段就渐渐冷下去了，这代表你的业务对他人的价值输出已经到了瓶颈。这时候一定要坚持下去，继续寻找可以贡献的机会，不能因为怕麻烦就放弃了。所有的"麻烦"都是一个信号，告诉我们该产生新的价值了。

我有一个朋友曾经在生意上受到挫折，原因是他不愿意处理琐碎的事情，什么事都让团队去完成，结果有员工和外面的合作方勾结，坑了他一大笔钱，让他遭受巨额损失。过了两年，他终于千辛万苦地解决了前面的遗留问题，开始了新的事业，新的麻烦事也随之而来，他依旧觉得很烦，不想亲自处理。于是他来咨询我，这么多"麻烦"该怎么办？我就跟他说：

一个个办。不付出就没有价值，付出就等于你的价值。今天你遇到的所有麻烦，都是你的根基，只有通过解决它们，你才可以获取个人的经验，而它们就是你的价值。解决以后再交给别人去做也不会有问题。但是如果把自己都没有解决好的麻烦推给别人，除非你的团队具备强大的自律品质，否则过去的事情还会继续上演。

我们做人做事，不要只看表象，看到大公司放权给人才让他们开发新业务，就觉得自己也可以做到。人家能做到的前提是前面的根基都已经打牢了，自己是有领悟的，然后才能有章法、制度和文化去管理人才，让事业快速扩张。如果一开始没有足够的经验，就想效仿大公司的用人之道，结果只会是赔钱买教训。

通过解决麻烦得到的才是属于自己的经验，是个人的价值。谁能去解决麻烦，谁就有贡献价值。如果困难全部是员工解决的，那么他们就得到了经验，以后完全可以单干，当老板的遇到这种情形只能说是活该。员工也一样，自己解决不了问题，就一定会有人替代你。无论是老板还是员工都要明白这个道理：贡献等于价值。所有你逃避的、怕麻烦的东西，都是错过的经验，躲掉的机会都让给别人了。而中间不足的部分，也都要在未来花代价去补起来。理想中的黄金屋由于没有地基只能是空中楼阁，再漂亮的穹顶也要有支柱才能建成，否则只能是"眼看他起朱楼，眼看他宴宾客，眼看他楼塌了！"

如果你面对家人的诉求觉得麻烦，不想面对，那么就失去了和家人连接的机会；如果你面对老板的诉求觉得麻烦，不想面对，那么就失去了和公司连接的机会；如果你面对客户的诉求觉得麻烦，不想面对，那么就失去了和财富连接的机会。那些你害怕的、抗拒的、过不去的坎背后，都是价值体现的机会，也是让自己的人生充实起来的终极解决方案。

做一个有贡献的人会让自己的人生充满价值，当这种价值累积到一定程度，无论你走到哪里，做什么都会成功。成功不是天上掉馅饼了，也不是哪个金主大发慈悲来救你了，而是因为你的贡献度足够了，成功的时机自然也就到了。我们所做的每一件事都是有意义的，只是用什么角度去衡量而已，不要因为暂时看不到结果，就停止贡献。就像稻盛和夫的哥哥在他想放弃工作时曾对他说的：

如果在这样一个没有人工作的公司里，你都不能取得任何成就，你还能做什么？

正是这番话点醒了他，让他从抱怨中醒来，开始贡献自己的价值，成就了一代经营之神。所以继续努力吧，我的朋友！当时机到了，你一定会感激那个傻傻付出的自己。

自我价值三问

有一次我们的客服得罪了一个新客户，那个客户直接退款了，近一万块钱泡汤，而沟通的全程我在旁听，却并未阻止。客户高高在上的语气勾起了客服的情绪，让她瞬间进入挑战模式，答非所问，直至失去理智。

生活中很多时候，我们都会对号入座，一旦感到自己的尊严受到威胁就会失去理智，过去能回答得很好、很有爱的话全部说不出口了。其实大可不必，因为人与人在没有见面的情况下，是会放大一些情绪的。做服务的人，最重要的就是不能代入个人情绪，如果只是把对话当作是客户服务的工作，是可以回答得很中正的。一个巴掌拍不响，在别人不把你当回事的时候，先自己不把自己当回事，这样一来，别人不就无法贬低你的价值了吗？

这件事过后，我们马上针对客服做了价值感培训，也完善了话术和服务流程。代价一万块，给全公司上了一课，你觉得值吗？

什么是自我？

什么是无价值？

什么是"真实的自我价值"？

在研究自我价值的时候，如果不把这三个问题说清楚，自我价值就会变成非常虚无缥缈的东西，它只能是一个模糊的定义，而无法在生活中进行实践。

什么是自我？

在中国人的价值观中，一直没有厘清"自我"的概念，这也导致大部分人生活在无价值中却不自知。关于"自我"，很多时候我们会进入"自我防御"的误区，而这也恰恰是一直以来所讲的"富人"心态和"穷人"心态的区别。

朋友送了我两盒珍贵的鱼子酱，我很开心地拿回家跟家人分享，人人有份。但阿姨就表现出非常抗拒的样子，连碰都不想碰。不仅仅是鱼子酱，对于任何我分享的东西，她首先的反应都是拒绝。而我在之前几年的教学生涯中，也曾经影响过一个阿姨，与之截然不同。她是我请的第一个月嫂，看见我在家帮助别人做心理辅导就主动要求一起学，并且对任何事物都保持好奇心。结果不到两年她就离开我去外面做了老师，现在她的学生比我的还多。

前一个案例中的阿姨非常抗拒，这种过度的自我保护其实是一种防御，通常发生在"穷"人身上。而后一个案例中的阿姨，她的经历简直堪称奇迹。这样一个创造"奇迹"的人有什么特点呢？答案很简单，就是特别积极和主动，从来不拒绝学习新事物，无论让她尝试什么，她都会很感兴趣。当我们心里不再有空间去接受新事物时，就"穷"了。这是心"穷"，和实际财务情况无关，有钱人也会有心"穷"的时候。而"穷"的反义词就是"富"，"富"则代表富余、大气，有空间，有容量，承载"富"的也是这颗心。在这两个案例中，两位阿姨都有"自我"，但是主动学习的阿姨，她的自我不是一种对外界的隔离和防御，而是一种以自己为中心不断向外的延伸。这样自我的力量就会非常大，能包容人与人、事与事之间的差异性。这样看来她就是一个"富有"的人。

所以不妨问问自己，当你要去接受一个新事物时会用什么样的态度呢？

通常人们的自我防御会分为以下三个阶段：

1. 试探—拒绝—放弃（我拒绝别人对我的回馈）；

2. 试探—修正—背负（任何事情都是我的错）；

3. 聆听—判断—回应（我吸收对我有益的意见）。

在第一个阶段，每个人都是小心翼翼地踏入社会，然后开始面对各种冲突的声音。这是一个心理十分敏感的过程，觉得别人说什么都好像是在攻击自己，不尊重自己。但这个时候如果选择放弃，缩回自己的安全区里去，就会很难再次伸展自己。

如果幸运地过了这一关，就会进入下一个阶段，努力适应和改变自己。这又会面临另一个极端，很多人都卡在这儿，比如为了适应别人的意见努力改变自己，别人说什么都觉得是自己的错，把别人的意见当成了全部。举个例子，有一个会员曾在小红书上发布了一个在我家拍摄的视频，播放量很高，然后各种千奇百怪的评论就出来了：有人看到了物质，比如房子的奢华；有人看到了气质，比如装修的土气；有人看到了形，比如特别讨厌我的长相；有人看到了价值观，特别欣赏我的理念……那么究竟哪个才是"我"呢？如果我要根据他们的评论去修正自己，又该从何处着手呢？正因为这些观点是相互矛盾的，所以也无须据此去改变自己。

这就进入了第三个阶段，开始聆听真实的声音，判断要不要修正。有价值的意见收下，而对于带有攻击性的声音，也能给予对方正向的否认和回应。这个段位不是一蹴而就的，而是在长期的社交中磨炼出来的心性，它是一种自信的态度：有个性，够自我。

我们很容易判断出自己的自我防御机制究竟在哪个阶段：尝试一下，有人对你做出评价的时候，先别急着反应，观察一下自己，遇到不同的声音，你的第一反应是什么？

通过聆听他人对自己的评价，观察自己的防御机制并打"√"：

☐ 我有错　　　　　　　　☐ 他不懂

☐ 有帮助　　　☐ 想解释

☐ 他懂我　　　☐ 回应他

通过这样的方式去判断自己的自我防御机制，它会让我们从对社交的不安中脱离出来。其实，正是因为对事物的好奇和新鲜感，人类才能不断地进步。如果一个人失去了向外探索的欲望，整个人就会变得沉闷无比，这些和年轻与否没有关系，而是一种生命能量的流失。网上有很多人在哀叹中年人的各种悲催，说他们从大公司离开后人生就没了希望。事实上，很多成功的创业者都是在 35 岁以后才开始摸索出自己的门路，难道他们都是没有希望的吗？这些成功突破"中年危机"的人，他们身上的共性是始终对生命怀着好奇心，并且愿意主动去接触种种差异。

对于社交对象来说，与自我防御极强的人沟通起来也是非常累的。我曾经遇到过一个年轻人，他是客户公司里的设计师，有一次我对他的设计提出了一个意见，他立刻冷冷地反驳，表示我不尊重他的设计。为了让他理解我，我们进行了一个多小时的沟通，他终于松动，知道我并没有恶意，只是在推进结果的共赢。化解冲突的关键在于我的坦诚，和别人沟通不需要这么累的，不需要证明谁的观点是对的，只要知道什么才是更好的，然后一起朝那个方向去努力就可以了。

不妨想想看，你在生活中会不会为了坚持自己的想法而和别人起冲突呢？如果有，你到底是为了坚持自己的想法是对的，还是真的在为结果负责？如果只是为了彰显自己的与众不同，那么这只是一个无聊的"小我"游戏，放下它才能继续前进。"自我"并不是防御，更不是某种个性的彰显，处处体现出自己与别人的不同只是一种缺乏同理心的自私，想要通过展示自己来获取认同，却没有认同他人的能力。

客观分析别人的案例往往都是清晰的，但是加上了主观滤镜，分析自己时往往就迷糊了。其实我也常常会在"自我"这件事上心"穷"，比如我特别执着于女性平等。这也是一个陷阱，我总是觉得女性的价值没有得到充分的肯定，当我这样想的时候，已经把男人和女人看作了两个不同的存在，自然处处看到的都是区别。

例如，我参加了一个研修班，班里有男同学对我示好，邀请我去他的酒会，我就觉得被羞辱了，自动进入了防御模式，觉得他把我当什么人了？恶狠狠地骂了他一顿，再也不理他。那么问题来了，这种情况是他的问题，还是我的问题？我的情绪来自男女差异，觉得不公平。可是男女之间的不公平只发生在女人身上吗？我让男同学在爬山时帮我拎包，如果对方也觉得是一种羞辱呢？难道男人就要遭遇不公平对待，帮女人拿东西吗？其实，一个女人有吸引力是很正常的事情，可是我偏偏把它跟男女差异挂钩，造成了无谓的愤怒。人家约我，不想去不去就是了，没必要生气。我之所以生气是因为在这个过程中真正在攻击我的人，正是我自己。我不接受自己身为一个女人的魅力，才会防御所有能够证明自己魅力的言语和行为。

我的心理学老师曾经说过："如果你不喜欢一个人，拒绝他就好了。一个人要走向成功，不可能没有人喜欢。被人喜欢完全可以用大方的态度化解掉，没必要拒绝自己的魅力发散啊。"每个感到别人不尊重自己的人，内心都已经有了一个自己不接受的种子。从根源上来说，我们防御的不是别人侵害自己，而是拒绝接受那个真实的自己。这就是"穷人"心态，穷的是心，而不在形式。事实上很多冲突都不是真的冲突，只是对信息的防御，把简单的意见输送过程变得复杂化了，其中作祟的就是"穷人"心态。如果一直坚持这样的自我表达，信息就会堵塞，最后真的让自己变成一座"孤岛"。

一个人的存在必然和宇宙万物紧密相连，单凭一个人不可能创造出一个绝无仅有的东西，整合型思维可以让我们连接别人的智慧，生成一个全新的东西，这就是创新。只有真正地意识到这一点，人的成长才会开始。"自我"不是"小我"，那些封闭起来的是"小我"，而真正的"自我"是敞开的状态，就像一朵花开放，是自然而然的事，不会因为别人不懂欣赏就懒得开。它的开放是自性的开放，与他人无关。所以，真实的自我必然是智慧的。我很喜欢一句话："真实的你永远不会受伤，会受伤的只是小我。"所以，你愿意接受全部完整的自己吗？

那一句在结婚时我们对爱人许下的山盟海誓，其实最应该每天对自己说：我愿意爱自己，从今时到永远，无论是顺境还是逆境，富裕还是贫穷，健康还是疾病，快乐还是忧愁，我将爱着你、珍惜你，对你忠实，直到永永远远……

什么是无价值？

我记得有一个采访雷军的视频，他说在 45 岁的时候还是觉得自己一事无成。大家都说他"凡尔赛"，其实这是真实的。他当时也许赚了很多钱，拥有了很多的成就，却依然没有价值感。无价值感在生活中几乎是无处不在的，它也不会"嫌贫爱富"，这是为什么呢？

我想以我对价值感的三次追求来深入剖析。第一次让我有价值感的是写作。我小时候成绩很不好，一直觉得自己一无是处，直到五年级的时候，我在一次作文比赛中拿了一等奖。我清楚地记得，当我回到家跟爸爸说的时候，他正在洗头，但他高兴得连头发的泡沫都没有洗掉就直接跳了起来，开心极了。在那一刻，我第一次有了价值感。从这个角度去看，夸奖对一个人获取价值感来说确实是有帮助的。我因为写作受到夸奖，此后非常认真地在这件事上耕耘和努力。但是问题发生在当我开始把价值等同于写作能力的时候，我给自己下了一个定义，就是我是一个写作能力很好的人。这个定义带来的好处是我获取了自信，但与此同时，它也让我看任何人的文章都戴着有色眼镜，总想跟他们比较一番。

价值发展到了这个阶段，到底是有价值还是无价值呢？

当价值认定和人做了捆绑，无价值就会产生。很简单的逻辑，当我把写作能力当作是我的个人价值，就意味着我有了一个弱点。如果有一天我的写作能力受到了极大的质疑，就等于否认了我的价值，这个时候我就会陷入无价值感中。

第二次经历是我对名牌包的追求。我一个人在广州闯荡时，身边很多同事都背着名牌包，可我连走进店里的勇气都没有。怎样才能赚到钱买名牌包呢？我当时的方案是去比赛，还要拿奖。获得模特大赛的前三名就能够拿到更高的演出费，有了高演出费，不就可以买包了吗？我的想法很简单，就是努力地去竞争，我的价值就在于得到冠军，得到冠军我就有价值，得不到就没有价值。但这一次的答案是残酷的，我努力地比了两年都没有进入前三名，而且几乎每次都是与奖项擦肩而过。这个现实让我更加懊恼，越竞争越感觉到没有价值，如花似玉的年龄却每天愁眉不展。后来我又起了叛逆的心，既然这个机构不让我拿奖，我就去别的地方比赛。果然在别的机构主办的比赛上拿到了人生第一个冠军，也拥有了属于自己的名牌包。但那一刻的快乐很快就过去了，我感觉到的是更深的无价值。

是的，你得到了，那又怎么样呢？在我内心深处，依然是迷茫的，不知道价值是什么？所以在比赛后我就彻底地退出了模特圈，当时我给自己找的理由是已经 20 岁了，要去追求更加稳定的事业。但这实际上不过是为了掩饰自己的失望而已。

第三次经历则是我对婚姻的追求。当时我的几个闺密都已经结婚了，我却还是孤身一人，所以我特别着急。为了逼我当时的男朋友跟我结婚，我告诉他："如果你不娶我，就不要浪费我的时间，我要找别的人嫁了。"他想了想，也没办法，就跟我说："那我们还是结婚吧！"于是，两个都不成熟的人在不成熟的状态下结婚了。

那么婚姻有没有给我带来价值感呢？所有源自你想要得到某个东西才有价值的起心动念，最终都会去到同一个地方，就是无价值感里。没错，婚姻让我更加感受不到自己的存在了。

从我的三次经历中，你有没有注意到一个很有意思的地方？无价值的开始都是从有价值开始的。禅宗的"不二法门"形象地说，就是一群人在烦恼上转圈圈，找不到出口也无法突围，这个时候其实只要把烦恼翻一个面，有就变成了无，无也变成了有。这就是"不二"，从头到尾都是一件事，区别是换一个面去看它。

价值也是这样，当我们把自己的价值和外在物质混为一体，将价值物化，那么得不到物质的时候就会感受到无价值感。这种"有价值"一定会带来"无价值感"。反之也可以成立。

人有时候在极度痛苦的时候会去触碰一些过去不愿意去触碰的领域。当我陷入深深的无价值感中走投无路的时候，我开始接触心理学课程。在心理学的课堂上，我第一次见识了"不二法门"的作用：表扬不是出自做得好的事，也可以出自缺点。比如我一直嫌弃自己太敏感，总是有太多的情绪，但是翻一面来看，在心理学领域中，这居然是一个疗愈师必备的天赋。正因为我可以很轻易地感受到别人的情绪，所以我能找到这些情绪的症结并疗愈它们。突然之间我的世界翻转了，原来让我觉得非常自卑的地方成了优点。原来"无价值"也可以变成"有价值"。

现在的人为什么会有无价值感？就是因为把价值当成了单一的因素，以为只有得到了他人的肯定才能获取价值，于是有了好成绩以后又要去追求事业，有了事业以后就要组建好的家庭，有了好的家庭还要有房子和车子，有了房子和车子以后还想要有社会地位……看上去这是向上向善，在追求更好的生活品质，但事实上如果这一切都是建立在没有核心价值的基础上，那么仅仅只是海市蜃楼而已。你大可以去尝试，无论今天追求什么，最终都一定会回到无价值感里。人们追求的物质的东西，无论看上去多么远大，即使通过努力实现了也早晚都会有消失的一天。那一刻到来的时候，你会发现自己的内心依旧是不满足的。我们就是这样迷失在陷阱中而失去了自己的中心。我仔细回忆了一下，发现真的是这样：想要拿冠军也拿到了，想结婚也结了，明明什么都有了，为什么还要自怨自艾呢？我终于看清这是一个巨大的陷阱，决定自己从那个坑里爬出来。

我更愿意把自我价值理解为核心力量。它是一种由内而外生长出来的力量，愿意为自己的生命负责，也愿意和这个世界连接。在人小小的身躯下隐藏着的巨大能量，在时机到来的时候就可以迸发出光芒。终其一生的小小修炼，都是为了让我们真正地去相信自己的"大"。

当我接受自己的"大"的那一刻，奇迹发生了。我的第一家公司在一个月时间里就扭亏为盈。我到处去付出、利他、贡献，不再封锁自己，勇敢地站上生命的舞台。付出让我感受到自己是有价值的，哪怕什么都没有的时候，我依然可以通过付出来获取价值，不再恐惧自己会变回那个一无所有的笨蛋，而是接受了它的无限可能。行为上做一千次的改变，都不如意识上的一个翻转。这就是"不二法门"，也是至高的智慧。

无价值感发于心，解药也必然在于心。当我们看到无价值的另一面也是一种价值，就不会局限自己去追求美好，同时也能够看到缺陷的美。这就是一种圆满的智慧，也是自信的光芒。它能照亮一切的黑暗，消融有和无之间的隔阂。

什么是真实的自我价值

建立在物质基础上的价值最终会变得虚无，所以价值的归属层次一定要"高"。因为从任何单一的点去看都是片面的，只有完整地去看这个世界，才会获得真实。

十年前，有一段时间我的灵感特别多，吸引了很多人来请教我人生的问题。我几乎每天都在群里回答各种问题，在这个过程中我第一次感受到了成就他人的快乐。所以我很感激有人愿意听我讲，如果没人愿意听我分享，我连付出的价值都没有。正是这种感恩的心态，让我赢得了大家的尊重，很多对话都充满奇思妙想，非常精彩。当时还有学生自发帮我做了整理，把每一次精彩的对话内容都记录下来，算一算有好几十万字了，哪怕现在拿出来看，依旧觉得那些对话很有智慧。

一个本来不太懂得关心别人的人，突然通过支持和鼓励他人获得了认同，这种感觉是非常奇妙的。对我来说，付出和利他肯定比买包、买珠宝要有价值多了，但是相对地，那些听我分享的人，他们能不能获得同样的成长呢？我在坚持了好几年后遗憾地发现，很多对我有效的东西，对他们是无效的。虽然付出这件事比追逐物质价值的层次要高一些，但当我发现这种付出并不能成就别人时，又陷入了无价值感的循环中。

我开始思考，为什么会无效，到底问题出在哪里？我左思右想，主要还是自己缺乏阅历，看事情还是太片面。毕竟我当时的年龄和工作经历都不足以支撑那么多人的求助，如果继续硬做下去，会感觉自己像一个骗子。别人那么信任我，但是我分享的东西却只是对自己有益。因此，为了成为一个利他并且高效的人，我为自己制订了一个"历劫"计划，去做一件真正挑战自己的事情：建立一个必须每天和人打交道的平台，通过和人的碰撞来成长。

在平台建立的过程中，每天都在发生着激烈的碰撞，它几乎超出了我的承受范围，仿佛一下子就被打回了原形，以至于我无数次想要放弃。第一次被打回原形的过程真的很痛苦，但是来来回回的次数多了，也就习惯了，既然选择了，那么再艰难都要继续走下去，不图别的，只求心安。每天都过着盘算下个月工资在哪里的日子，但是渐渐地想明白了：为什么过去我讲得很好却是无效的？那是因为我只有善心，却没有慧眼，没有看清事情的因果本质。

我意识到仅仅靠着善良、奉爱和认同他人是不够的，有些事不能用千篇一律的方法去完成，因为生命是多元的，这正是它的奇妙之处。当我去鼓励一个员工，他会马上跟我提涨工资，而真的给他涨了工资，他反而会变得懒散。没有制度保护的关爱，就是一种自我惩罚。渐渐地，我也开始怀疑自己，过去所谓的善，是真的善吗？还是那仅仅是一种自私的索爱？害怕失去已经得到的爱而隐藏自己的真实想法去讨好他人，这样的爱其实正是一种索取。

有一次，外卖骑手在为我送餐的时候，打电话说已经到楼下了，让我先点确认收到，一分钟后就能送餐上楼。于是我就点了确认，结果足足又等了两个小时，把自己饿得半死。这种情况不是偶然，我的善良和理解没有带来同样的回报，反而给自己带来了麻烦。每次我不和别人计较的事情，最后都会变成是我的错。身边很多朋友也有类似的经历。

为什么某些人你帮助了他，反而变成你的不是了呢？

其实换位思考一下，这也很容易理解，如果你只是觉得不好意思计较就不去计较，就等于给了他人作恶的机会。那些人享受了超过自己德行所承载的福报，又没有付出任何努力，就会感到内疚。但是他们又不想走正规途径付出，就只好把你变成一个坏人，只有这样才能证明他自己的行为是合理的。后来我就明白，该怎样就怎样，亲兄弟也要明算账，每个人都有自己的路要走，完全可以为自己负责。不能因为觉得别人可怜就无条件地去帮助他们，这其实也是一种高高在上的优越感。而对一个人最高的尊重是跟他平起平坐，相信他有能力处理好自己的事情。

所以到底要做哪种给予者呢？是一个时时刻刻受人喜欢的人，还是一个能够真正支持他人进步的人？

什么是真实的自我价值？所谓真实，既不是牺牲自己的权益，无条件地忍让，也不是打着真性情的幌子任由情绪泛滥。其中的界限在哪里？我回顾了一下自己从不真实到真实的社交过程，来给大家做个参考。

1. 不真实的自我

（1）把别人当傻子。社交的第一个阶段，我不懂得尊重别人，也不爱和人交流。在我眼中别人都是傻子，我甚至不屑和他们同桌吃饭。这个阶段我以为自己是很真实的，别人才显得虚伪。很多年轻人就是这样的想法，其实这种我行我素的"真实"恰恰是不真实的开始。因为真实的人并不会无故批判和鄙视他人。

（2）想要爱，说出来的却是伤害。这个阶段我依然不懂怎样和他人交流，我唯一在乎的是自己喜欢的人，明明想得到爱人的理解，但是说出口的却是相反的话。比如想告诉他我很想念他，真正见面的时候却说："你是不是在外面乐不思蜀，不爱我了？"这个阶段的特质是脆弱又敏感，小心翼翼地试探着这个世界，生怕自己会受到伤害。这也是不真实的状态。

（3）放纵情绪，让别人不敢惹自己。进入这个阶段，总算开始与他人有接触了，但是由于内心的不安，自身会变得特别情绪化，试图用情绪来操控别人，以保证自己的安全。我在这个阶段的时候每天凶巴巴地对待别人，很没礼貌。当时身边有很多学长都让着我，我还以为是自己厉害，后来才明白，人家只是不愿意和我产生无谓的争执罢了。

（4）膨胀自己，防御一切反对的声音。在社交初期，除了情绪化，还特别抗拒别人的意见，把什么话都当作是针对自己的，可以说是草木皆兵了。这个阶段的特点依旧是以自我防御为中心，无法接纳不同的意见。比如自己好不容易拿到一个新项目，结果身边朋友说了一句："真的拿下来了？不会是骗子吧？"就会感到受伤了，觉得朋友不相信自己。这些情绪的产生，本质上还是缺乏自信。

（5）迎合直觉里不喜欢的人。与自我防御同时发生的还有自我欺骗。有趣的是，防御看上去是为了保护自己，其实越怕什么就越容易发生什么，越怕上当就越容易遇到骗子。有人坦诚地提意见不听，对于那些明明直觉里不喜欢的人，却因为对方说的话中听而丢弃直觉，刻意迎合，结果上当受骗。我在这个阶段犯了很多次同样的错误，比如明明直觉里就是不喜欢某个人，但是当他说能帮我介绍资源，我还是相信了，结果对方不但没有给我资源，还害得我损失惨重。

（6）对别人说的话太在意，用改变自己来逃避冲突。这个阶段的人多少都已经有了些社交阅历，正因为骄傲过也吃亏过，所以特别爱反省自己，从而进入了另外一个极端——什么都是自己的错，是自己要改变，和别人无关。这也是一个误区，有些事根本不用自己背负。我曾经在这个阶段困了很久都出不来，因为它非常具有迷惑性。最迷惑的地方在于，我以为它是真实的，因为我在迁就、在反省啊，怎么可能有错呢？事实上，这是一种拿修正自己来逃避冲突的把戏，以为只要自己改变，别人就会理解自己。

（7）害怕伤害别人而选择隐瞒，把别人当成弱者。不敢真正地面对冲突，自然也不敢对别人说真话，打着不想伤害别人的幌子，隐瞒事情的真相，其实是制造隐藏炸弹的开始。我在工作中对待下属就是这样，以保护为名义进行管理，其实是害怕冲突。每一次我的员工跟我抱怨说工作上有问题，我明明知道这其实是他自身的问题，但还是会直接把事情接过来做掉，我以为这样就代表我很理解他。谁知道这个员工最后还是离职了，而且离职原因是没有施展抱负的空间。乍一听很莫名其妙，但是细细思量却觉得是自然而然的。如果我一直认为自己要经过磨砺才能获得经验，那为什么会觉得员工就做不到呢？这说明在我心中，我认定他们是不如我的。这种情况不仅会发生在工作上，很多父母也会以保护为名义，小看了孩子承受挫折的能力，反而导致孩子的疏离。

（8）隐藏意图。这是上一个阶段的延续。在工作和生活中，我常常会因为害怕伤害别人而隐藏自己的意图。比如我会替别人做主，判断对方不需要知道一些事情，然后就不告诉他。结果别人最后还是卡在这件事上，如果一开始就实话实说反而会简单得多。记得有一次我合作的一个课程组织方，她的课程和我要请的另外一位老师合作上起了冲突，我怕她知道了真相会不高兴，就编了个理由，告诉她学员没有时间，所以她的课程要改期。结果她从别处得知是另外一位老师不想与她合作，非常生气，把我臭骂了一顿。我也觉得委屈，明明怕伤害她才说了善意的谎言，怎么就弄巧成拙了呢？而且我不止一次在这类事上吃亏，真的是隐藏得越多遭受的攻击也越大。但是说真话确实需要很大的勇气。

（9）明明很累却硬扛，以为自己很伟大。人到中年，身上背负的担子是很重的，而且很多担子都是出于"保护"他人而背负的。比如明明不是自己的事情，却一定要扛起来，还不愿意放下来，摆出一副谁逼我放手我就和谁急的态度。在我的课程里有 99% 的人都说自己是多么成功，只有 1% 的人说自己生意没做好，需要帮助，结果大家都来帮助他。有时候只有承认自己不行，才有机会得到他人的支持，或者说，别人才有发挥善的余地。扛不住的时候，记得要让一些空间给别人来支持自己。

（10）说出内心的声音却为此感到内疚。真的疲惫到了一个极端，人就会被"逼"着说真话了。其实这是一个好的开始，但刚刚进入这个阶段的人，往往会为此感到内疚。比如当我终于鼓起勇气告诉身边的人："你必须为自己负起责任，这是你的工作，请你负责到底。"话一说出口，我就觉得自己好像做错了什么，或许不应该这样直白。然后又去抚慰对方："其实你也很努力了，做得不错。"结果这样一正一负正好抵消，别人不痛，也没什么成长，包袱还是要自己继续背着。怎样才能勇敢地说出真话呢？只能反反复复地在退缩与前进中磨炼了。

（11）以为自己的经历是一个人独有的。每个问题都不是某个人独有的，而是代表着一类人必经的一个阶段。所以解决问题也不是一个人的事，当一个问题真的找到答案时，很多人会因此受益。我们不要妄自菲薄，觉得自己的问题不重要；也不要妄自尊大，觉得自己的问题无人能解。就像我把自己的心路历程分享出来，很多人都可以从中看到自己的人生轨迹，就是因为其实人和人之间是相连相通的，只要真心去分享，就可以启发到别人。

可以说，以上的这 11 个阶段都存在着不真实，有些是对自己的不真实，有些是对他人的不真实。那究竟什么才是真实的自我价值呢？

2. 真实的自我

（1）感觉到没理由的安全。正如没理由的不安，它的相反面就是没理由地感到安全。当疫情到来的时候，公司面临着巨大的危机，按理说我应该焦虑得每天失眠才对，可我只是内心坚定地去分享和利他，其他什么都没有考虑，最终公司挺过了危机甚至发展得更好，我也做到了许多之前做不到的事情。要实现这个飞跃，一方面内心要找到那根"定海神针"，另一方面在行为层面也要多做多练，知行合一、内外兼修才可以显化出真正的安全，度过危机。而这个"安全"就是真实的状态，也是每个人自身就具备的状态。当内心坚定，安全就到来了。

（2）看到自己的伟大。一个懂得自我激励的人是不会被一时的挫折打败的，最终打败我们的一定是自己。电影《领袖水准》，讲述了一个男人进入了生死的无限循环，每天醒来都会被杀死，然后再重新醒来。这样反反复复循环了很多次，最终百炼成"神"，成功地掌握了自己的命运。这和现实生活有什么本质区别呢？我们每个人都是在不断的失败中学会了成长，不光要看到成功后的光环，也要记住背后流过的泪水。每一次失败都有价值，只有那些由我们自己解决和改变的问题，才会让人有价值感，真正地为自己自豪。半途而废、自怨自艾的人是不会得到自信的。只要愿意接受不足的自己，就已经很伟大了，要看到过去的经历赋予自己的经验价值，都是无价之宝。真实的我们或许不完美，但一定是伟大的。

（3）看到他人与自己的连接。一个有价值的人，不会轻易去否定自己和他人。因为能够真正看见自己伟大的人，也能看到别人的伟大。常常有人告诉我，他觉得别人很优秀，自己却一无是处。当自己缺失的力量和特质在别人身上显现，表面上一定会被吸引，但是骨子里一定是排斥的。比如羡慕别人阳光开朗，如果不是自身出于某种原因而排斥阳光开朗，那么也不会失去这个特质。所以一旦真正靠近阳光开朗的人，就会从最初的仰慕变成抵触，比如感觉对方太闹腾，没有界限感，等等。所以如果希望彼此每天都如初见，要先肯定自己的价值，当看到别人身上的美好特质时，要去感受自己与这份特质的连接。只有感受到自己伟大的人，才能真正欣赏对方的特质。我们和世界上的万事万物是有连接的，无论是一朵花还是一个人，当我们与其能感同身受的时候，就是那份连接发生的时候。

（4）接受他人帮助。能够帮助别人的人，也能够接受别人的帮助。这是一组共同存在的体验，缺一不可。每一次我们帮助别人的时候，都同时在接受别人的帮助；而我们被帮助的时候，也正是在帮助别人。互为因果，互助成功。弱的时候可以成就他人的善良，强的时候也可以通过对他人的付出成就自己。比如我是非常敏感的人，如果一段时间不输出，就会觉得精神萎靡不振，所以我去讲课会越讲越兴奋，这正是分享在成就和帮助我。那么反过来，很多学生在专业上都比我优秀，允许别人在专业上来支持我，他们也会感觉到很有价值。月满则亏，人也一样，总是要留一个缺口让别人可以帮得上忙。

（5）主动回应他人。回应力是很多人非常向往的一种能力，对他人的请求可以给予直接的回应，无论是合理的还是不合理的，能帮的还是不能帮的，都能够主动告知对方。这看起来容易，其实是很难做到的，必须要有很强大的自我价值，才能勇敢地对他人做出真实的回应。面对问题，主动回应对方，把自己的意图表达完整，不要觉得对方听不懂就懒得解释，这也是一种优越感，必然会在未来引发更大的冲突。不如直接把问题说清楚，别人没有过多地指望什么，也能够守住自己的界限。最怕的就是一遇到不合理的表达方式，就选择不沟通，这并不能体现出自己的大度，反而是在逃避冲突。

（6）允许指正。对于别人的意见，只要是对自己有帮助的，抱着允许指正的态度去聆听和修正。真正爱自己的人不惧怕接受别人的意见，他们总是能在各种意见中吸取自己最需要的。比如我的一位朋友，总是害怕别人说自己不好，她做一件事只要别人问一句："这件事真的好吗？"她就会感到受伤，非常敏感。我问她："你觉得别人在拒绝你之前，你有没有先怀疑自己呢？"她想了想，表示了肯定。我说："是的，如果你真的觉得这件事很好，那么别人问你为什么好，你是可以把这件事说清楚的。如果你自己都无法表达，别人怎么可能理解你呢？"

很多人搞不清楚批评和建议之间的界限，把很多对自己有益的信息当作批评进行防御，反而把那些和自己无关的问题当作错误不断地进行修正。其实找出这个界限很简单，把所有外来的信息都当作建议就好了，但是只吸收对自己有益的部分。这样一来，就算对方说的对你毫无帮助，也可以接收到别人对自己的关心。允许指正，是一种正面积极的处事态度，是能给人带来养分的。

（7）允许拒绝。当一个人开始有自我价值，除了会接受对自己有益的意见，对于别人无理的、带着明显偏见的意见，也会直接说"不"。比如我有一个同事跟我说，在别的同事那里听到我对他不满，希望我下次有事能直接跟他说。一般人听到这样的话，一定会觉得是自己有问题，但是我想了一下，不对啊，我对他的不满都是直接和他说的。别人听到的并不是我不敢和他说的话，而是他真的没做好事情。于是我对他说："我要说你根本不需要背着你，但如果是你做错了事，不只是我，任何人都会说。如果不说出来，大家还会继续在这件事上犯错。"很多人在生活中都会指出旁人的问题，遭到拒绝后又觉得是自己的问题，好像不该说。为什么要为自己的正常反应而感到抱歉呢？如果朋友确实做了不好的事情，还要去帮他掩盖，无疑是在害他。真正的伙伴关系是随时可以指正，当别人试图把自己的内疚感丢给你的时候，要勇敢地说"不"。

（8）好奇与爱冒险。对新鲜的事物和观点始终抱有好奇的学习态度，愿意体验不同的人生维度。从婴儿开始，人类就在探索这个世界，什么时候我们开始停止探索了呢？答案是当我们给自己判"死刑"的时候，也就是真正失败的时候。我在创业过程中，常常是步伐超大，每一步都超出了自己的极限，其实这是非常冒险的。创业初期的一切都非常混乱，好几个项目都失败了，慢慢地我学会了收敛，一件事做好之后再做下一件。但是我内心依旧没有放弃前面失败的事业，只是想曲线救国，先用心把眼前的事情做好，等时机到来再继续完成。比如我在创业初期就想做教育，在经历了团队出走、项目暂停的挫折后，我依然没有真正放弃过。后来我把在商业上获得的经验不断融合进去，经过几年的积累沉淀，再一次重新竖起旗帜，这一刻已是经验丰富，成功率自然大大提升了。所以成功没有偶然，也不是一击即中的，有些人看上去轻易地成功了，其实是他们能快速在过去的失败中领悟罢了。不论要花多少时间，只要自己不放弃，就可以一直探索下去，直到真正开悟。那些领悟快的人，走得很快，而那些领悟慢的人，也一定走得很深。好奇心，是人类生生不息的重要依托，不去冒险和探索，文明就会停滞不前。有的人在冒险中快速建立起商业帝国，有的人在冒险中通过领悟传递生命的教诲，无论哪种，都能做出自己的贡献。

（9）拥有无限的可能。只有爱自己的人，才会感受到自己拥有无限的可能，可以实现任何理想。那么有限的生命要如何创造出无限呢？自己做不到的时候，要懂得利用他人的力量，这是一种连接和联合，自然会创造出无限的可能。所以要掌握自己的命运，还是需要大范围地利他，用德行去换取更多人的支持和爱，这样的人不会被个人生命的有限所束缚，因为他已经成功地从"人"变成了"众"，当然是无限的。

（10）永远不会受伤。有时候，我们会陷入自己片面的知见中，要么觉得自己对不起别人，要么觉得别人对不起自己。其实这些都是无法真实地面对自己的内疚感，还试图从别人那里获得原谅，这正是一种索取。要知道一个连自己都不原谅的人，又怎么能从别人那里得到原谅呢？而能够原谅自己的人，又何须再去求得别人的原谅呢？生命的终极答案是自我宽恕，自我接纳，是自信，也是自性。当自己能够认同自己的价值，就不会被别人的行为伤害到了。所有会痛的都是"小我"，"真我"是永远在安全中的，不会受到任何损失。

（11）圆满丰盛。生命是圆满丰盛的，只有对自我价值有自信的人，才能感受到那份圆满——知道自己什么都不缺，生活在爱和喜乐中。人生是一个不断重塑知见的过程，从一个个片面的点中超越出来，看到更全面的实相。30岁的时候，有人对我说，我的命格是空运。但是当我回过头去看这 30 年，真的是一事无成吗？并不是，虽然事业上没有大的建树，但是我从 20 岁就开始接触心理学，开始用研究自己的角度探索这个世界，每一次从失败中醒悟过来，都像一次重生。有那么多的案例，那么多因我而改变的事情，我累积了太多的经验和教训，生命也变得异常充实，我感到非常富足。所以到了 30 岁之后，我的运气也到了，很多长辈都来支持我的事业，他们最常说的一句话就是："你的领悟和年龄不符啊！"这份认可就是无价的。

孔子一生都渴望施展自己的政治抱负，传递仁爱和礼仪之道，却苦无用武之地。他 3 岁丧父，17 岁丧母，还有一个残疾的哥哥需要照料，一生穷困，无权无势，周游列国 14 年，却处处碰壁。尤其到了晚年，孔子更是不幸，接连遭到致命的打击。然而孔子并未因此沉浸在悲痛之中，而是苦读《周易》，留下了"韦编三绝"的典故。要说孔子命不好，可是他成就万世师表，留下的精神文化至今都在庇佑子孙，这份成就是多么圆满。用世俗的眼光去看，他的个人经历不可谓不悲惨，但是用知见的慧眼去看，他的功德无量。有人命运顺遂，一生衣食无忧，这确实是令人向往；但是有的人虽命运坎坷，却志在万代，福泽子孙。哪种更加圆满呢？其实无论是哪一种人生，都可以在真实的自我价值中体验到圆满丰盛。

至此，现在我们应该很容易区分什么是真实，什么是不真实。可以说一切让我们感到平安快乐的都出自真我，哪怕情况看上去不乐观，依然可以用乐观的态度获得圆满之心。一切让我们感到恐惧的、受害的，都是不真实的"小我"，哪怕成为世界首富，依然每天会眉头紧锁。正因为不能用物质来恒定价值，所以获取价值的方法也不仅仅是在物质层面。

当你分享、启发和鼓励他人的时候，积极展示自己魅力的时候，智慧地指出问题和中正地赋予他人和自己力量的时候，与他人产生信任、连接和整合的时候，都是你真实自我价值体现的时候，而它们都只和内在有关。生命如此精彩，觉醒即开怀。

3. 直觉与真我

在对真实的探究过程中，直觉是必不可少的，它让我们从繁杂的事物中脱离出来，看到更深远的方向。可以说，直觉是一种高于防御机制的本能反应。前面提到过，在通常情况下人们处理外在不同信息时会存在防御机制，要想更好地与人相处，需要放下防御，敞开自己，但这些并不包括直觉的范畴。

什么是直觉的范畴呢？比如说你看到一个人，他并没有什么出格的言行举动刺激到你，但你就是感觉这个人很危险。这种本能的情绪反应就是直觉。每个人都曾在某个时刻聆听到直觉的声音，面对直觉，我们很多人都会选择自欺欺人，也就是不相信自己的直觉，明明在内心深处已经隐隐有了答案，却依然在头脑中欺骗自己。

当直觉出现的时候，我们可能不会呈现出平时热情友善的样子，而是会本能地选择用一些情绪去保护自己。比如我就特别讨厌一个人，他每次来找我谈事，我都会发火，他也很莫名其妙，为什么我对他这么暴躁？虽然我一时解释不了自己的愤怒为何只针对他，但事后通过分析还是能发现端倪：他的一举一动都让我感觉到不真实，比如明明是他要邀请我见面谈事，当我很认真地跟他定了时间，他又说不急，下次再说，他有事在忙。第一次这样的时候，我的直觉就收到了这种不真实，非常抗拒继续和他交流，但是我依旧安抚自己，或许是太小题大做了。然而几次下来都是这样，我才意识到他根本不是真的想谈事，只是在吊我的胃口，后面也许还有更大的坑在等着我。于是我果断地拒绝和他合作。

还有些时候，我会对一些问题感到愤怒，明明提问者看起来很谦虚，但我就是不想回答他；而有时，同一个提问者的问题我则很愿意回答。这又是为什么呢？我发现每次我不耐烦或者不想回答的时候，都是因为提问者不是真的在提问，而是在推卸责任。比如有时候同事会问我："老板，这个提案陈总已经否了，你觉得还要做吗？"我就问他："你觉得要做吗？"他说："我觉得有做的必要，但是陈总说不行。"这个时候我就知道他根本不是在问我要不要做这件事，而是希望以我的名义去告诉他的上司，这件事必须要做。这就是典型的推卸责任。那么我就要告诉他："如果真的重要，你为什么不自己去说？为公司好的事情，陈总不会怪你的。"

有些人也说请教问题，但实际上他们只是借助提问来销售产品。比如有一个机构说很喜欢我们的课程，要给我们输送学员，但是他们自己一定要先免费试听一下我们的课程，这非常有必要。所以我们认真安排了一天给他们做试听，结果他们没来，非要第二天再来。而这个时候进场，学员已经分好小组，做好作业了，陌生人入场会打乱整个课程的节奏，但最终我们还是说服自己，同意他们来了。结果问题就出现了，他们不仅再一次迟到，还在下课的第一时间跑去加我们会员和合作导师的微信。在表象之下隐藏的意图已经显露无遗，他们根本不是要来做渠道，而是以此为幌子来挖人脉资源的。作为学员想要去认识导师无可厚非，但是合作伙伴这样做，就匪夷所思了。真正要谈合作的人，会尊重合作伙伴的课程设置进行时间安排，并且会在第一时间找到平台谈合作的细节，而不是去挖人家的导师。其实这些事发生前，我们就有预感，这些意图会通过直觉的传导，让人感到抗拒。这时就不要怪自己情绪化了，因为这些情绪正是来保护我们的。直觉一旦接收到恶意，肯定会产生对应的情绪来进行自我保护。基于种种，已经可以判断对方没有合作的诚意，自然不用再继续跟进了。我每次不相信自己的直觉，都会发生不好的事情，这样的情况多了，就知道不用自我欺骗了，相信自己就是了。

苏联哲学家凯德洛夫曾经说过，任何创造活动都离不开直觉，直觉是大脑皮层在最佳状态下，与自然联想的接通；应该要好好地把握住它。相信直觉的人，很少会怀疑自己，因为他们可以感受到未来的那个影响，一定是朝着这个方向前进。这种笃定是发自内心的，强大到甚至可以影响结果的发生。我们知道，这个世界是由一系列变数组成的，每个人每天的每个行为都会导致不同的结果。生意场上更是变幻莫测，如果你不相信自己，合作伙伴也会感受到这种不确定性，自然不敢合作。反之，如果你相信自己的直觉，这种信心甚至能够让本来没兴趣的人加入进来，越来越多人参与以后，还有什么事情是做不成的呢？

有人说，直觉是一种天赋，只属于少数人。其实这是不准确的，直觉是人人都有的，它具备两个特质：一是毫不费力，二是不能被人为控制。

虽然直觉不是每天都出现，但是当它到来的时候，你一定能感受到。直觉的特点就是它会发生在未雨绸缪的时候，它往往是超前的，当别人都不理解你，觉得你小题大做的时候，就是你直觉判断正确的时候。而这也恰恰是一个考验，到底是相信自己还是迎合别人？所以明明百分之百的人都有直觉的经验，但是只有极少数人会选择相信自己的直觉。

其实那些成功企业家拥有的天赋并不会比你更多，只是他们愿意相信自己的比例要大得多，而我们更多的时候选择了相信别人。当直觉出现的时候，一是没有抓住它，二是就算抓住了，也不是能一步到位的。在相信直觉后，我们还得继续在生活层面里去努力修炼，才能让直觉的灵感真正落地实施。知道很重要，信任更重要，信任后去坚持行动，更是重中之重。这就是知行合一的实操场景。

如果你不相信自己可以做到，就很难成为一个真实的人，更不会有自我价值出现，真实是最有力量的。一个谎言要用无数个谎言去圆，最终还是得靠真实化解一切的问题。但是，为什么在生活中我们很难做到真实呢？因为我们有五大恐惧：怕拒绝；怕丢脸；怕失败；怕失去；怕犯错。这五大恐惧如同五座大山阻挡着我们走向真实，令我们活在虚假的面具后面。而回归源头，一个真实的人是不完美的，但是把每一个不完美连接起来就是真实的自我价值。

恐惧的另一面就是真实。所有分开的，都只是一半，合起来才是完整。一个人生命价值的获取，本来就是这样一个从黑到白的探索过程。

人际交往三问

作为一个专注线下社交的平台，我们在 6 年多的时间里深度研究了 2000 人在大众社交场景下的社交行为。在此基础上，我们整理了几个社交上与个人价值有关的疑问，这些也是在研究人群中备受关注度的问题。

第一问：服务的极致究竟是什么？

人们在日常生活中很容易陷入价格的误区，以为贵的就是好的。同样的逻辑，刚开始用钱包装和营销起来的服务，确实很有诱惑力，各个奢侈品牌也都是这样做的。带来的结果就是客户是上帝，双方无法形成平等的伙伴关系。我在观察和体验了各种不同的服务类型后，一个平台引起了我的关注。这是一个海归的聚集平台，会费也要上万元，神奇的是，它却几乎不提供服务。每个会员入会后，由会员自己去发展其他会员。平台也很少组织活动，都是让会员自己组织，自己分享，自己采用 AA 制。这种形式看起来匪夷所思，但是居然做成了，而且会员规模一直在不断地扩张。每个参与进来的会员，都好像自己是平台老板一样，不管是发展会员还是组织活动，都积极、主动、负责。

我们平台的服务不是最贵的，最多算中档，但是我们给予客户的体验感却往往超越了头部的高端平台。之所以能营造出高端的氛围，很重要的一点是我们抓住了客户服务的精髓 —— 让客户找到自己的价值。我们并不完全服务客户，而是秉承让客户参与共建的思维，让客户通过付出获取认同和价值。比如在活动中让每个客人上台分享，并给他们分工，让他们承担一些简单的工作，比如接待其他会员，提供礼品，成为表演者、主持人等。这个逻辑很像粉丝对明星的情感，参与明星的成长过程让粉丝自己也产生成就感。如果什么都不让客户参与，他们自然会扮演起挑剔者的角色。所以服务不一定要做到事无巨细、完美无缺，而是要让被服务的人有强烈的参与感，也能提供自己的价值，这样的服务才更有吸引力。

那么服务的极致到底是什么？就是让客户在服务中找到自己的价值吗？其实这个问题没有绝对的标准，因为没有能让所有人都百分百满意的服务。不如换个角度来看，一定有一类人会特别满意你的服务，这样我们离答案会更近一步。服务的极致一定是找到对的人，然后提供给他们最想要的服务，总结成四个字就是"以人为本"。

服务是需要根据客户画像来进行设计的，只有懂你的人，才能感受到服务的价值。如果是追求无微不至的客户来到我们的平台，就会感觉自己被冷落，好像没有人全方位地服务他们；但如果是希望获得价值实现的客户，在我们的平台就能得到令他满意的服务。价值观相同的人，彼此会互相吸引，同时也会吸引来更多同频的人，慢慢地不合适的人会离开，而最终沉淀下来的一定是认同自己的人，这也就回到了企业的根本。所以企业在前期的服务中一定要坚持，等待认同自己的人达到一定数量，就能设计出最适合客户的"极致服务"了。需要注意的是，极致服务的打磨过程正是价值观的聚合过程，这是无法一步到位的。

第二问：如何不被卷入社交旋涡？

社交本质上是一种人与人之间的交流，只要是社交行为，就不可能没有是非。那么当社交中出现摩擦时要如何保护自己呢？我在长期的观察中发现，那些身处于两派斗争旋涡又不会得罪任何一方的人是真实存在的。这些人是如何做到的呢？

首先他们从不发表针对任何一方的意见，始终以自己的社交目的为导向。与人社交，但是从不评价。任何一件事，一旦发出了议论，最后就有可能变成：你说了某某某。明明只是附和一句，结果过错就被推到自己身上了。以前我就做过这样的"冤大头"。有一个员工跟我抱怨主管的问题，正好我对这个主管也有意见，就评价了几句。后来这个员工和主管冰释前嫌，就传出了我对这个主管有意见的流言蜚语。这些经验让我明白，人是不记得因的，他们只会创造果。所以遇到这样的情况，别抱怨自己背了黑锅，这就是人性。不做评价，是保护自己的好方法。

其次是他们不会选边站，不管谁和谁吵架都事不关己，继续做好自己该做的事。我们常常会听到这样的案例：自己的两个朋友吵架了，让自己选择和谁交往。在不得已的情况下选边站以后，两个朋友又和好了，最后自己变成坏人，两头不讨好。再好的朋友相处起来，也是有界限的。想要交什么朋友是每个人的自由，如果对方真的是恶人，那么作为朋友可以善意地提示，强制别人不去交朋友就是过界了。有时候我们也会爱屋及乌，朋友喜欢的人，我们也喜欢，朋友的敌人也变成是自己的敌人。但是要记住别让别人为自己掌舵，一旦别人偏离了航向，自己也会跟着迷失。

最后就是他们都有自己的核心需求，也就是社交目的。他们清楚地知道自己要学习什么，要获得什么。比如有人社交的目的就是给自己的事业补充人脉资源。这个时候还能挑人吗？

第三问：受欢迎的人都有什么特质？

马斯洛在需求层次理论中曾指出，如果想知道人类究竟能够跑多快，需要研究的是跑得快的人，而不是慢的人。他用这个例子来说明弗洛伊德式的心理学总是研究人类心理的阴暗面，这是不合理的。马斯洛的学说直接开启了心理学革命的"第三思潮"，更多人开始研究向善的人，并从中找到向他们学习的办法。在社交中学习也是一样，要提升社交水平，我们也需要着重研究那些受欢迎的人。

我并不是天生爱社交的人，甚至一开始是很抗拒与人交流的，因此初入社交场合时常常感到格格不入。为了快速地融入社群生活，我也在不断总结那些社交达人的特质，我发现非常复杂，他们个性迥异，行事风格也不同，有的人开朗，有的人沉默，有的人严肃，有的人甚至说起话来都不着边际……没有一个人是完美的，但他们有一个共性——在某个层面都是利他的。

被称为经营之神的稻盛和夫，由股东利益最大化变为员工扶持最大化，坚守利他，最终把京瓷和第二电信打造为世界 500 强企业。他曾经写过一本书《利他的经营哲学》，非常畅销。他 27 岁创办京都陶瓷株式会社（现名京瓷，Kyocera），52 岁创办第二电信，这两家公司都在他的有生之年进入"世界 500 强"，皆以惊人的力道成长。稻盛和夫说过："利己则生，利他则久。"他在"六项精进"的第五项原则中指出："积行善，思利他。"他在自己一生的经营哲学中坚持利他原则。稻盛和夫的成就虽然离我们很远，但是他的特质离我们并不遥远。我们可以针对性地缩小范围，把利他锁定在自己的事业目标上。

先确定自己的目标，是成交还是获取渠道或资源。然后看看自己的关系网中，有没有人可以达标。如果有，那么请认真思考，自己能给对方什么。千万不要把自己的商业目的硬套上去，比如自己是卖减肥产品的，觉得自己能给别人提供的就是健康，这样无法真正打动客户。要从对方角度去考虑，对方想要什么，自己有没有资源可以帮助对方实现目标。如果有，把资源推荐给他需要自己付出什么代价吗？如果这个代价在承受范围内，那就可以开始利他了。这样一来，你的合作成功率一定会大大提升。

我就很习惯用利他的方式去谈客户，先看看对方想要什么，自己能不能满足，然后再去想自己要的，在谈合作时坦诚相待，让双方的需求都可以满足。比如我和奢侈品集团的合作就是从给对方提供客人开始，因为它们的目的很简单，就是获客，而这一点恰好是我可以付出的。那么我要什么呢？我知道每个品牌都有自己的活动预算，我希望品牌能把自己的客户答谢会预算给我们，这样我们不仅能完成旗下执行公司的业务，也能够获得对方的客户。这样的交换是非常公平和完美的。当然，如果这个品牌不需要获客，我也就没有什么利他价值了，自然也无法实现我自己的目标。所以利他这件事，一定是双向的，你情我愿，通过付出来获取自我的价值。同样的道理也可以倒过来看，没有价值的人，一定也是不愿意付出的人。

如果你时常感到自己没有价值，一定要想想，自己是不是很久没有利他了？利他的范畴很广，并不是每件事都需要和商业进行关联，也有纯粹的利他是完全不求回报的，只是把利他和商业关联起来，范围更集中，也会让人更有动力去做这件事。这也是一种快速入门的利他方法。

卡枚连自我价值公式

　　在一个公司中，一个产品如果没有价值，就会被放弃；同样地，在生活中，一个人如果没有价值，也会被淘汰。什么是核心价值？其实是你可以赋能给别人的某种能力。这既不是指你便宜卖给别人的东西，也不是你显赫的背景，而是能够实在地帮助别人解决问题的能力。在对各种社交情况进行反复观察和分析后，我们发现，一个有价值的人，可以快速成就自己的社交网络。那么如何成为一个有价值的人呢？我们建立了一个卡枚连自我价值公式，来帮助大家更好地理解和解决这个难题。

卡枚连自我价值公式建立的前提

　　作为社交新人，要建立社交价值，一定要从利他开始，首先需要先给别人提供价值。我们不能奢望自己什么都不付出就轻而易举地获取别人多年经营的人脉资源，同时还要记住社交首先要建立的是人际关系，而不是买卖交易。

　　在微商快速崛起的今天，很多女性做起了微商生意，但是其中做得好的也只是头部，大多数人做得很一般，除了卖给身边亲密的人，并不能实现破圈。"明明我的产品这么好，为什么大家不帮助我呢？"任何想不通的事情，其实只要换位思考，答案就呼之欲出。如果你是一个拥有人脉的"渠道"，或是平台主人，每天都有很多人来找你，想让你帮忙销售产品。这些人的共性都是觉得自己的东西"天下无敌"。这是一

远见 商业沟通 与 个人品牌构建

种"索取"和"占便宜"的心理。超过99%的人觉得只要给别人分钱就是利他了,利他的方式都千篇一律、毫无新意。他们并不能理解别人花了多少时间和精力去经营自己的人脉,做获客和留存,为什么又要"免费"给你用呢？他们也并不知道,他们所谓的利他其实只是一种买卖。

除非是很小的平台为了生存,才会做出妥协。他们会和商家签对赌协议,当然也不是有什么高人一等的策略,而是碰碰运气,十家有两家赌对了,就能赚钱。而那些稍微大一点的平台和渠道,都有自己的上架费、培训费、会员费等正规流程,越是有价值的资源,越不会白白付出。是去找小平台赌一把,互相安慰一下,碰碰运气和概率,还是正经地按规则来呢？一些很好的产品或是技术精英,一进入市场就歇火,就是因为他们不按市场的规则来,总希望另辟蹊径,碰见伯乐。

当你没有资金投入渠道的时候,就要用别的办法来提高自己的利用价值。比如通过研究别人的价值链、业务方向,先帮助别人实现目标等,这些都是初学者的必备技能。

自我价值=利他次数 × 认可度

卡枚连自我价值公式（图16）就是建立在利他的大前提下,根据各种案例总结出来的一种大众"算法",方便人们来对照自己。

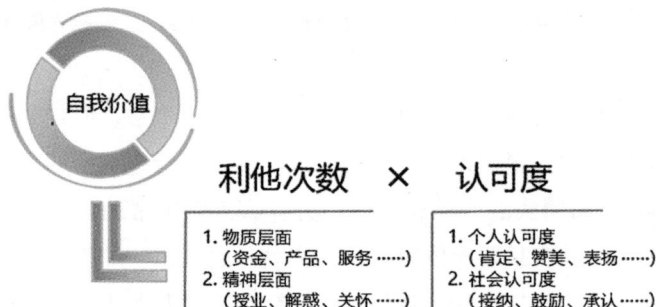

图16 卡枚连自我价值公式

182

自我价值＝利他次数 × 认可度，这里的利他包括物质层面和精神层面两个维度，而认可度也分为个人认可度和社会认可度。根据这个公式，利他次数和认可度这两个因子的值越大，相应地，所获得的自我价值也会越大。

要理解这个公式很简单。首先，利他要么在物质层面上给予，比如提供资金，或是用好的产品和服务去支持别人；要么就在精神层面给别人支持，比如传道授业，我们分享讲课都是这个层面的利他。如果完全没有利他行为，就是"0× 认可度"，所得到的自我价值也为"0"。为什么利他这么重要？因为它解决的是最根本的问题。

再来分析一下如何提高这个公式中两个因子的值。电视剧《三十而已》中的顾佳，靠自己的做饭手艺来获得富太太们的认可，付出的对象只有几个人，获得的认可自然也只有一点点。这样一算，确实没有什么价值。如果一个作家，出了一部可以传世的作品，直接在精神上利他，获得了社会的认可，哪怕一生就一部作品，也能够被人记住，这就是在利他和认可度上做乘法的结果。

利他和认可度是两个相关的值。当利他的层次越高，所收获的认可度也会越高。前面我们分析过，如果是一个在爱和理想层面贡献度高的人，大家对其在社会地位和物质层面等的要求就会降低，也能获得更高的认可度。而低层级的利他，只能深陷反复迎合大众喜好的无底洞中，最终收获的认可度也依然很低。反过来看，当认可度极高，利他的值却极低，这个公式的成立也会变得十分危险。那些看似收割了很多认可度的流量明星，没有能拿得出手的和名气对等的作品，认可度和利他的值不能相匹配，如果负面的声音大于支持者的声音，自己的心态也会受到影响。无论是做明星还是做事业，只有专注做出最好的作品，才能够超越这些低层级的利他，直接去到精神层面，达到利他与认可度的平衡，实现人生的自我超越。

自我价值的出发点其实是"心"。《孟子·尽心上》说："万物皆备于我矣。反身而诚，乐莫大焉。"人生是一个从外求到内收再到给予的循环过程，把"心"安在怎样的利他高度，价值就能有怎样的高度。

卡枚连自我价值公式的运用案例

第一种状态：无价值的人

一个人如果不付出任何对他人有利的东西，却想获得认可，哪怕借助奢侈华服依旧没有价值。很多社交场合上的名媛，穿着华丽，却始终得不到真实的认可。这些人身上的共性是，从不夸奖别人，也不曾启发过别人，只是想靠光鲜的外表赢得关注。这些名媛，吸引来的往往都是"销售员"。真正有实力的人是不会无缘无故地夸奖一个人的，让别人夸自己前，一定要想想理由是什么？把价值定义得越高，越深层，也就越容易成功。

第二种状态：有一点价值的人

一个人有利他行为，愿意分享，并且热情好客，他们会得到一定的认可。他们是有一定的抗压能力的，遇到问题也会生气，但是很快就有身边的朋友来安慰和支持，他们可以快速走出各种社交中的陷阱。可以说，利他的多少影响着获得认可的多少，也决定了个人的抗压能力。

第三种状态：很有价值的人

一个很有价值的人，也许并不是事事都利他，但是他们一定有自己的核心作品，比如拍过很有意义的电影，写过引起共鸣的书，这些作品大范围地完成了利他，获得的认可也是翻倍的。这样的人，即使受到言语攻击，也不会受到真正的伤害，因为他们被簇拥着的爱包围着。

我有一个朋友，就完整地经历了从第一种到第三种状态的过渡。她刚进公司的时候，在工作上毫无贡献，回到家里，家庭琐事也处理不好，几乎处于一种无价值的状态。她很希望得到别人的认可，但在无价值的状态下基本是无望的，所以处处碰壁，经常跟我抱怨，这个人不行，那个人不尊重她。我反复劝导她说要向内看，然后带着她一起学习。慢慢地，她开始做出了改变，在工作层面，学习专业技能，找到解决问题的方法，攻克了难关；在家庭层面，她开始学习心理学和沟通技巧，也获得了家人的认可。后来她还到外面去上课，分享自己的经验历程，感动和启发了很多人，成为他们的意见领袖，有了自己的舞台，也有了自己的粉丝。再回来看她这个人，整个人焕然一新，温和充盈，再也不是那种别人一句话就会"炸毛"的状态了。

她之所以改变这么大，是因为完成了从无到有的积累，这个无和有指的是利他的贡献度。如果一个人在利他的贡献度还不够的时候就获得了很多认可，那么潜藏的是被反噬的风险。所以回到原点，还是要有自己的利他作品。那些成功人士之所以能够承载大众的笑点和槽点，并不是他们的心理素质强，而是他们的利他层次决定了自我价值，即使跌入了低谷，也能一跃而起。

如果你有喜爱的人，不要吝啬去感谢他们，让他们知道自己的付出是有价值的。如果你觉得自己得到的太多了，却德不配位，就继续努力吧！无论是给世界带来美的享受还是带来启迪性的作品，都是利他的一部分。什么都不付出却想要索取，只会是镜花水月，竹篮打水一场空。

自我价值涟漪

在卡枚连自我价值公式中，我们可以看到，认可度也是提升自我价值中的一种重要因子。因此，我围绕认可度设计了一张自我价值涟漪图（如图 17），来更直观地展示这些层次关系。

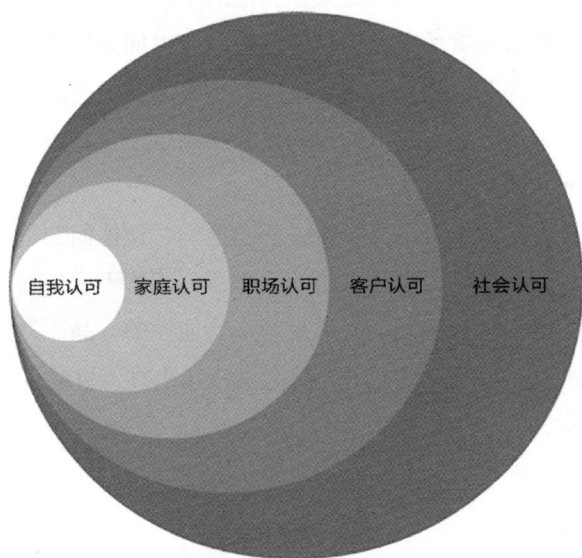

图 17　自我价值涟漪图

这张图从自我认可开始，也就是一个人必须要先认可自己，才能获得家庭的认可、职场的认可、客户的认可，直至社会的认可。整个过程就像是一圈圈的涟漪，是从里向外去扩散的。如果一个人不认可自己，却得到了社会认可，他会感到内在有巨大的空洞，因为自我价值一定是要从内扩出去的。只有自我和家庭都得到了认可，才能在职场上更快地找到自己的定位，获得团队的认可，齐心协力地共同努力获得客户认可。到最后一步获得社会认可，那就是自然而然的结果。但是很多人都想直接从社会认可中获取价值，这当然如无根之木、无水之萍，是徒劳的。

是不是天生乐观的人才很容易认可自己？如果童年没有得到足够的关爱，该如何成功地塑造自我价值呢？自我价值完全是可以在后天培养出来的。美国著名心理学家马斯洛因童年缺乏母爱而体验了许多孤独和痛苦，成为一个害羞、敏感并且神经质的孩子。青少年时期的他曾因体弱貌丑而极度自卑，为了寻求安慰把书籍当成避难所。进入大学后，他读到阿德勒著作中自卑与超越的概念，从中得到启示，改变了一生。在他看来，"潜能"是决定后天自我实现的基本根据和内在驱动力。而在自我实现的过程中，如果能忠实于自己的内在本性，抗拒不良文化的影响，不断做出成长的选择，最终就能走向自我实现。马斯洛把自我实现称作"人类的最高价值"。虽然自我实现是否可以定义为"最高价值"还有待商榷，但不可否认的是，马斯洛开启了人类向上、向善的第三思潮。

我也相信自我价值是可以后天培养的，但传统的家庭教育很难培养出有价值感的孩子。我和合伙人都出身于严厉的家庭环境，她的父亲是军人，我的父亲曾是央企干部。我和她在成长过程中都没有得到足够的认可。在我们创立平台后也出现了很有意思的现象：她的父亲不直接给她点赞，而是跑到我的视频号里来给我点赞；而我父亲呢，也每天去给她的微信状态点赞。两位父亲就是用这样"奇怪"的方式来表达对女儿的支持。因为爱的表达都很隐晦，所以自我价值的觉醒需要有人来引导，以此来替代原生家庭的不足。

如果不能直接从最亲密的家人那里获取认可，那么能不能再向外去获取呢？付出一定是由内而外的。这里就有一个矛盾了，既不能外求，自己的原生家庭又得不到，该怎么办呢？如果把给予比作数字"1"，那么收获就是"2"，它们之间是种子和收获的关系。这就要求我们必须时刻训练把自己当作那个"1"，这是一切的起点。在史蒂芬·柯维的《高效能人士的七个习惯》中，提到了"以终为始"这个概念，它的意思是所有事物都经过两次创造，先是在脑海里酝酿，其次才是实质地创造。强调以原则为中心，以品德为基础，进行能达到个人效能和人际效能的"由内而外"的修炼。在任何事情上把自己当作"1"，可以避免因无力改变外部条件而带来的沮丧感。用在自我价值塑造上，它就是第一步要去行动的事情。

没有自我认可的人是不可能有价值的，先让自己的生活稳定和幸福，才能更好地利他。这个次序是不能颠倒的。也有很多学习心理学的人，都非常愿意付出，包括我在内，但是一直没有找到好的利己的点，慢慢地连生存都出了问题，还谈什么利他呢？后来我开始转向商业，以此为入口，一样在做有关心理学的事情，可是公司的收入多了起来，我也能够去做更多利他的事情。

要注意的是，把自己当作"1"，进行自我认可和自我激励，并不意味着要掩饰自身的问题，拒绝自我批评，进行自我防御。真实的自我不需要被掩盖，有就是有，没有就是没有，无论自己贫穷还是富有，成功了还是依旧在失败，都可以进行自我修正，从而达到自我认可，这样才能真正地去乘风破浪。

我在组建公司的过程里，最怕的就是团队内有人试图掩饰问题。很多主管都有这个毛病，因为害怕犯错而粉饰问题，造成了更大的信息断层。每个人都会做错，但做错了也能够自我批评和自我修正。如果选择自我防御，任何人都无法帮助我们。我在做渠道开发的时候，两眼一抹黑什么也不知道，连续试错3个月，每个月都在不断地寻找出口，每次都是错的。这个过程已经很煎熬了，如果这个时候还要掩饰，告诉别人我做得很好，那不是加大内耗吗？所以我跟见到的每个人都说实话，我还没有摸索出来，很苦恼。结果出现了很多老师，他们主动提供意见，教我建立渠道的各种办法。3个月后，我开始找到门道，并实现了渠道的快速开发和复制。这件事让我更加坚定，只要能够自我认可，就不会觉得被否定是羞耻的事情，反而会得到支持和帮助。

所以一定要先做到自我认可，下一圈涟漪就到家庭认可了。

说到家庭认可，有人会说了："我的家人都不认可我，我要怎么去认可他们？"有很多原生家庭确实称得上是灾难性的，但更多人的家庭和我的一样，长辈只是不懂表达爱，不是不爱。那么我们究竟该怎么做才能够回到爱的顺流里呢？如果从"1"去看，一切都必须从内心开始，当然这里指的利益家人，并不是指表面上的利他行为。难道家人要做坏事也去纵容吗？当然是不可能的，这里的利益家人，指的是内心的一种连接。从事件层面上，有些事是无法原谅的；但是在心里，要去承认自己对家人的爱，以释放那个无能为力的自己。把事和情分开，一个人做了错事就会受到惩罚，但他同时依然是可以被爱的。

获取家庭认可是很关键和重要的一步，它会让我们成为一个温暖的人。这样的人即使遇到困难也不会轻易被打倒，因为还有家人的爱在背后支撑着，自己的心中也是有力量的。很多人虽然事业做得很大，和家人相处得却很不好，就像是一圈涟漪在扩散出去的时候突然断层了，这样的人和别人的沟通也会存在问题。并不是外圈的人认可自己就能证明沟通能力强，每个人在内心深处都渴望和家人连接，既然可以解决外面的麻烦，为什么不用同样的耐心修炼与家人的沟通之道呢？涟漪是一个由内而外的修炼，欠缺的功课早晚都要补起来的。

我和先生之间的沟通曾经是鸡同鸭讲，从恋爱到结婚，我和他沟通的障碍和麻烦不断。我们用了十年时间去学习有效沟通，过程中也一度怀疑这样学习下去是否有价值。但是当我们真正超越这个问题的时候，才发现十年是很短的时间。这个过程中我们双方锻炼出来的情商，在商业沟通和客户关系上也发挥了巨大的作用。所以在沟通这件事上，千万不要嫌麻烦，所有的麻烦都是为了解答而生。家里会出现的问题也一定会出现在工作中，那时损失就不是两个人吵架这么简单了，会付出巨大的代价。我有幸长时间地去学习沟通，也发现它的价值并不仅仅在于我和先生的关系问题能得到解决，也可以把自己在这个过程中的心得分享给更多人。解决自己的问题，有同样问题的人也会被带动，这才是学习的价值，利己利他。

做好了家庭认可，下一圈涟漪自然会过渡到职场上。在家庭生活中累积的经验在职场中也会派上用场。很多人对自己的员工不好而选择千方百计地对客户好，其实祸起萧墙才是最可怕的。我就见过很多获得社会认同的知名人士，在开会的时候对老板嗤之以鼻。所谓"千里之堤，溃于蚁穴"，王朝从来都是从内部被击垮的。所以利益员工、合作伙伴，获取职场同事的认可，能够成为一个有担当的人，这样的人哪怕生意倒了也可以东山再起。

每年有那么多企业被击垮，但是能够东山再起的却不多。每当有人跟我咬耳朵：谁谁谁最近项目混得不好。我都会反问他："你做过企业吗？"幸灾乐祸正暴露了自己的肤浅和可笑，做过企业的人谁不知道，商场上的起起伏伏如家常便饭，掉下去的时间一定比爬起来的多。这就是企业家值得敬佩的地方，不是因为他们的功劳，而是他们遇到多难的事都能坚持下来。史玉柱的事件在当年闹得沸沸扬扬，同样马云创业过程中也屡败屡战，他们都有一个共性，就是关键时刻站出来的都是员工。这个真的很厉害，是非常难做到的。马云有"十八罗汉"，史玉柱有程晨，如果你觉得自己对员工很好，不妨想一想，如果公司真的出了问题，有没有人会继续跟着你干？团队遇难而不散，是企业壮大非常重要的因素之一。所以职场认可，是一定要在客户认可之前就处理好的。它直接决定一家企业可以走多远。

我们公司在疫情期间最困难的时候，很多平时忠诚的人都离开了，当然也有人选择留下来。最少的时候，只剩十几个人了，大家咬牙领着一半的薪水度过了几个月。这时候居然有员工提出要入股公司，还有人说哪怕这次失败了，从零开始、一分钱不拿也继续跟着干下去，这些都让人非常温暖。后来，我们凭借着快速的反应力和留下的人的动力，很快就翻身了。我意识到，人不在多，有这十几个人也是可以做一番事业的。获得职场认可，是一个超出薪水的生命情感连接过程。有些人你为他们付出了很多，他们不一定懂你；有些人的理解不挂在嘴上，却放在心里。这样的人不需要很多，几个人就足够战胜任何困难，实现集体的超越。

团队准备好了，接着自然是获得客户认可了。客户眼中的企业并不是一个个零件，而是一个整体，任何一颗螺丝钉的问题，都会影响整个企业。所以企业文化直接影响客户关系。如果团队每个人都是自信的，都是维护公司正面形象的，那么客户也能收到这种信心，从而产生购买的欲望。

我认识的一个会员，每年都能稳稳地做十几个亿。我曾给他的团队做过培训，他们的凝聚力之强，学习速度之快，都给了我很大的启发。他们会自发把我的课程笔记做好，然后结合自己的产品，整合出一套新的话术。课程结束一周后，他们的员工来公司拜访，介绍的内容居然就是我给他们培训的内容。这样的行动力，真是令人佩服！

很多人的自我认可、家庭认可和职场认可都处理得很好，但是客户认可却没有维护好，主要原因是缺乏方法和技巧。和那些只修外圈关系不修内圈关系的人一样，前者需要补充情商的功课，而后者需要补充的是专业的知识技能。想要获得自我价值，就是这样一个完整的涟漪扩散过程，缺一不可。如果只是给爱，却没有好的产品和收益，那么这份价值也是不完整的。对自己付出，对家人付出，获取到家人的祝福和认同。接下去影响工作伙伴，影响客户，影响市场，直至影响社会，这个步骤才是符合道的，是顺理成章的。

最后扩散到社会认可，这是涟漪的最后一圈。之所以把它放在最后，是因为它虽然有着最广的范围，却是最不需要用力的，是自然的扩散。很多人渴望出名，直接获得社会认可，这样的自我价值是不堪一击的。当一个人没有前面几步的基础，直接在最大的外圈做努力，那就像失去引线的风筝，飞得高也会摔得很痛。

自我价值一定是由内而外的，按照这个规律一圈圈踏实地扩散，那么真的到了功成名就的时候，哪怕出现了意外和问题，都可以东山再起。相反，根基没有打牢，那么一切繁华也只是空中楼阁，经不起大风大浪，一旦遇到问题就会全线溃败。宁可一步步来，也不要突如其来的名气，德不配位，必有灾殃。

如果你先渴望获得社会认可，又没有大范围利他的作品，是非常辛苦的。如果你先渴望得到工作和市场认可，变成很有成就，但是失去家人的认可，内心也会无所归依。如果你什么都有，就是不爱自己，那更是要命的事情。

根据自我价值涟漪图，我们可以清楚地知道，获取价值感的顺序很重要。

虽然说学习的过程有时候是很痛苦的，但是换个角度想：花钱买来的衣服、珠宝和手表是穿戴给别人看的，学进头脑里的，才是自己的。

没有一个有所成就的人是不学习的。

任正非认为企业家就要终身学习，要求华为高管们要有"宽文化背景"。

袁隆平喜欢读书，他说："我们不管喜欢什么，都能从书中得到答案。"

李嘉诚一生学无止境，孜孜不倦。他自己，正是知识改变命运的典型。

芒格说巴菲特："我这辈子遇到的来自各行各业的聪明人，没有一个不每天阅读的——没有，一个都没有。而沃伦读书之多，可能会让你感到吃惊，他是一本长了两条腿的书。"

一个人赚钱需要学习，扩张期找合作伙伴需要学习，扩大个人影响力需要学习，实现理想需要学习，自我实现和超越更需要学习……

不光要学那些擅长的知识，也要学习那些不了解的东西。前者让你自信，后者让你谦虚。是的，越学习，越谦虚。

就像我在写这本书的期间，思想也在不断地更新，一字字，一句句地优化、迭代。我知道它的面世对于人们来说有着怎样的意义。

人是需要社交的，而社交中最难突破的是认知差，所以社交一定是要学习的。无论你是什么行业，都不能停止学习，这是一种思想的破圈。而思想的破圈需要时间、经历和机缘，才能完成内在文化的自信塑造。

在该书中，我们可以思想同频；在生活中，我也会用一生来践行和教导，帮助更多人建立真实的自我价值。

因此，能够写这本书，也是我人生中莫大的荣幸。它见证了我个人寻找价值的全过程。

我从小就非常喜爱文学。由于父亲很早下海打工，母亲又因病离世，我常常会感到时间不等人，总感觉好像有一只"老虎"在后面追着我，逼着我必须快速前进。

焦虑，是年轻时的我生活中的主旋律，而学习是要静下心去钻研的。在没有更好选择的时候，我曾经两次辍学去做模特，逼自己快速获得世人眼中的成功。对于学习，我对自己的承诺是先去奋斗，然后用一生去完成自己的学习梦。

我对哲学的追求可以追溯到 10 岁时，我读的第一本启蒙书是《庄子·齐物论》。在读《易经》的时候，我深深感到中国文化的博大精深，亦体会到身为一个中国人能够认识汉字，读到这样的著作是多么幸运。正因为对文化饱含敬畏，《易经》这本书读到一半就中止了，我想接下去的一半要等到我有了生活阅历后再来研读。一晃 20 年过去了，当我的公司终于稳定下来，我走进了复旦校园，重读《易经》等著作，圆了自己的学习梦。看着爸爸骄傲的笑脸，我的内心充满感慨。

从小就自卑的我，有三个自认为致命的弱点。第一个是口齿不清，我 3 岁才开口讲话，舌系带黏连得很严重。为了让我能健康长大，3 岁的我被带去做了手术，但此后一直对讲话有很深的恐惧。

第二个是我严重的过敏体质，每到春天就会全身溃烂，这样的日子持续了 12 年，一直到发育以后才改善。由于过于敏感，我对人际交往很不自信。

第三个是左撇子，当初父亲为了纠正我不要写镜像字，我没少挨打。小时候我并不理解为什么左手写字是错的，直到后来我学开车的时候才发现，原来镜子中的世界对我来说才是正的，所以我倒车的技术特别好。

这三个弱点让我的童年充满自卑，让我不由地觉得自己的人生没有任何希望。本该是充满自信的花季年龄，却是我最抑郁的时候，我不知道说哪些话才不会得罪别人。唯一能够安慰我的就是对哲学的热爱，在那段时间里我开始疯狂读书，在书海中寻找内心的安全感。

也正是这个时期，我遇到了打开我心智的读物。让我印象最深的就是马斯洛的需求层次论，在他的理论中，我第一次知道原来人可以通过后天的努力实现自我超越。我开始理解什么叫作"笨鸟先飞"，亦发现原来敏感也是一种天赋，它让我能够与他人感同身受，而这是社交中非常宝贵的特质。

我开始把书中学习到的知识在生活里付诸行动。所有那些令我向往的特质，比如公开演讲能力和化解尴尬与危机的谈判技巧等，都是自己在日常生活中反复练习后得到的。

我生命中最大的挑战，就是创立卡枚连社交平台。因为创业，每一天的生活都要和人打交道，在最初的那两年，我几乎每天都很焦虑。我不知道为什么跟人沟通会这么难，明明我已经如此努力了，人们还是不喜欢我。

为了找到问题的答案，我不断改进和修正自己，慢慢地，我开始认识到真正的自己，建立了自信心。原来一个人要完善自己的人格，必须通过社会交往，通过各种与他人的碰撞，才能够全面地认知自己。

从最初的脆弱敏感、小心翼翼，到开始有一套方法论，这个过程也论证了马斯洛需求层次论所指出的：每个人都有向上、向善的可能。

我开始意识到每一种痛苦之下一定都蕴藏着一份礼物。我讲得最好的三门课——商业、两性关系和生命意义，分别对应了我生命中三个最痛的弱点。正因为我的商业做得不好，夫妻关系一塌糊涂，母亲又过早离世，我才会一直在这些地方找答案。对问题的钻研，让我在过程中更多地帮助到有同样痛苦的人，去帮助他们实现生命的成长。慢慢地，我不再执着于痛苦本身，而是让痛苦成为生命成长的阶梯。

　　我想，如果连我这样恐惧社交、害怕与人沟通的人，都可以通过人际交往建立起自尊和自信，那么其他人一定也可以做到。

　　所以我把在这个过程中总结出的各种方法以及实践经验整理成一个理论系统，包括"坠落层次论"和"孔雀羽毛图"，以论证马斯洛心理学中的人本主义思想。这些理论在我的会员中也多次被证明了其实用性。我们帮助了无数自卑的人，使他们在人生舞台上绽放自己的价值光芒。看着他们越来越自信的样子，我发现，自尊不仅来自内在和天生对自我能力的认同，也来自归属感和需求的满足，而这些都需要通过人际交往来实现。

　　在这个科技快速发展的时代，人们的幸福感反而降低了，即使有钱、有事业、有家庭，都不再能够轻易地感到幸福。缺乏了基本的沟通和碰撞，人与人之间的关系更像是一座孤岛。因此，在这个时代更应该以人为本，这也是马斯洛心理学中的人本主义思想所蕴含的智慧和意义。希望这本书能帮助许多和我一样的"笨鸟"，在日常生活中获取自信，实现价值。

远
见

后记二

　　我从 2012 年开始挑战自己的社交恐惧症，建立了社交平台卡枚连，前后接触了超过 5 万人，可以算是阅人无数了。此前我于人脉社交方面基本都是失败的经验，自己也很抗拒接触人，但在组建平台的过程中，我学到很多，这些知识帮助我一点点积累了自己的人脉，让我慢慢不再抗拒，逐渐成长为一个社交能手。

　　难以想象，在几年前，我甚至连和朋友在一张桌上吃饭都做不到，现在居然每天都与形形色色的人打交道。我不仅通过社交学会了和人相处，也为自己的事业奠定了基础，获得了很多长期合作的伙伴。我开始思考，如果我都可以做到，那么是不是意味着更多人可以通过社交实现自己的理想？

　　现在的学习基本上都向科学化和系统化思维发展，都在教我们如何更加理性地去思考，于是我们会得到非常多的方法论，以使自己在做决策的时候更加理性，从而提升成功的效率。但是无论我们所掌握的知识工具多么强大，最终使用工具的还是人本身。

　　对于完全没有对自己进行过探索的人来说，越强大的知识工具，意味着对自己或对这个快速发展的世界有越大的风险。就如同我们无法把知识的"原子弹"，安放在一个拥有成人躯壳的小孩的手里。

　　所以"人"，是非常重要的。而和"人"有关的一切，我们研究得还太少。

　　老子的《道德经》中多次提到自然规律，其实每个人身上都有一个小宇宙，也在不断地运动变化。同一个人，在不同的状态下，呈现出来的样子是完全不一样的，这使得我们很难去"阅人"。那么如何才能找到人身上的那个规律呢？

我选的命题非常大，就是社交。

社交，真的无处不在。我觉得社交就如以太，以太无形，无相，却是宇宙间至关重要的媒介。社交也一样，不同的是社交对于人类社会的重要性是已经得到充分论证的，而以太是虚构的。无论是网络空间，还是现实中的家庭、职场，都离不开社交。

实际上，无论是基于何种目的发展出的联络工具，其大前提都是为社交服务的。矛盾的是，我们对于社交学习是欠缺的，不仅许多大学生在进入社会后对社交无所适从，甚至一些已有丰富社会经历的人依然需要为社交经验补课。即使我们已经阅人无数，依然会在小事上栽跟头。面对不同的人要怎样建立有效沟通？如何回归本质找出关键点一举击破？把社交基础夯实，可以帮助我们完善与人相处的认知，减少社交中的失败概率，增加社交过程中的幸福指数，这是一举多得的好事，我们对此理应系统性学习。

这么重要的社交知识，为什么之前没有人整理呢？

其实每一个社交点上都有人做过深入研究，比如说情商、口才、演讲、沟通等，但是用一种系统的思维把它们全部整合起来，仍然是空白的。而我在长期的社会工作中，从事的就是社交平台的运营，每天做的就是自我介绍，获取人脉，然后组织活动帮助客户把产品卖掉，涉及的品类五花八门，有家电、服装、美容、珠宝、科技产品、健康项目……同时，因为平台会员来自各行各业，本身就是丰富的C端客户资源，所以找我合作的人更是数不胜数。我从事的行业让我拥有了充足的案例，从而可以进行归纳和整理。

我把社交知识分为自我介绍、卖点塑造、合作关系和个人影响力四个层面。

第一，自我介绍。人在社交过程中最重要的一点就是把自己推广出去，这是起点。它的门槛相对较低，只要经过方法论的学习和实践，加强对价值观的理解，就可以快速地建立连接并产生效果。令很多人感到头疼和不解的情商、沟通类问题，在这个层面都可以得到解决。

第二，卖点塑造。光是能推广自己还不够，还要有准备地找到自己的"卖点"，把自己的产品、服务等推销出去。也就是以结果为导向，实现社交的落地。这一步难度相对较大，很多人放弃社交的一个重要原因，就在于社交没办法产生落地的结果。所以卖点塑造非常重要，它直接影响社交的效能。这个层次的学习需要感性和理性的结合。

第三，合作关系。这是更加复杂的一个维度，因为它牵涉的可能性已经从单纯地介绍自己、把东西卖掉，上升到要长久地和一个人或机构建立亲密信任的伙伴关系。其中要考量的变数更多，几乎是无法计算的，除了人与人之间的关系，还涉及公司与公司、产品与产品、制度与制度，中间需要的磨合难以想象。但在看似必须靠个人"福报"才能够成功的合作关系上，通过思维的梳理，可以把它变成有规律可循的学习内容，帮助人们进行深度的关系连接。

第四，个人影响力。这是一个在人际社交中看似肤浅却很深刻的能力。说它肤浅是因为它的门槛非常低，在互联网高度发展的今天，每个人都可以轻易做到。说它难是因为真正的IP打造是一种自我实现和超越，也就是马斯洛需求层次中最高的层次。如果只是把IP打造放在生存层面去完成，那么这个目标设定就非常简单，很快能火起来，但很快又会消亡。除非再上升一点，升到社会地位这个层面，才有可能在这个世界上留下更多属于你的痕迹。如果上升到理想层面和爱的层面，那就完全不在一个维度里。怎样才能更深地打好根基，让它能够不断地成长为参天大树，关键就在于我们用哲学思维能把它带到怎样的深度。

自我介绍、卖点塑造、合作关系、个人影响力，这四个层次非常接地气，基本上是每个人在生存过程中都会经历却又很容易忽视的基本功。而其他知识，无论是商业模式、组织管理，还是投资融资，都已经有人教得非常好，并且在不断地深化。唯独在"人"这个课题上，我们没有把自己看得那么重要。更多时候，我们在追逐这个世界的脚步时，不知不觉地被物化了，忽略了使用物质的人本身是多么重要。

所以我研究自己，也研究他人，研究和人有关的一切社交行为。在科技高速发展的今天，以人为本是至为关键的，反之，则会失去人与人的连接，让人迷失，让心变得更加浮躁。

马斯洛指出，每个人都有向上、向善的欲望，但是一个人如何才能达到最高境界的需求层次？

我在马斯洛需求层次理论的基础上，设计出坠落层次论和卡枚连自我价值关系公式。简单说来，坠落层次是一个方法论，它告诉我们走出问题的方法，是帮助我们在复杂世间行走的那根定海神针。而自我价值公式则是把虚无缥缈的个人价值公式化的一种思维逻辑。我试图带领人们找到真实的自我价值，因为它就是能够常伴一生的那一盏心灯，能让我们更加相信自己，守护自己的本真。每一个人都有一颗独一无二的心，但每一颗心又是相知相连的。

这是一个从理性思考出发再把大家带回到感性的过程。不论从理性或者感性哪一端出发，最终我们会到达同样的地方，但是不可能，也绝对不会只有一条路可走。

这是我想带给大家的可能性——哪怕你是一个非常理性的人，也可以带着理性进行感性的分享；哪怕你已经是一个非常感性的人，也可以在这个过程中真正地接纳和包容理性的存在，生长出理性思维，并让它为你创造财富。